GÉNÉALOGIE

DE LA

FAMILLE DU VERNE

NEVERS

IMPRIMERIE MAZERON FRÈRES

1904

« Il est bien à propos que les successeurs prennent plaisir à se remontevoir et avoir mémoire des actes vertueux de leurs prédécesseurs, tant pour leur servir d'exemple et leur semondre à bien ou mieux faire, comme aussi pour le contentement de chacun en son esprit quand il se sent être et provenir de bonne race, car il est certain qu'ès lignées, les esprits et mouvements généreux et héroïques se continuent par la bénédiction que Nostre Seigneur impartit à ceux qui l'aiment et le craignent. »

(*Histoire du Nivernais,* dressée et escripte par Me GUY COQUILLE, sieur de Romenay.)

GÉNÉALOGIE DE LA FAMILLE DU VERNE

DU VERNE

Originaire de Bourgogne, on trouve ce nom, plus ou moins altéré dans ses désinences finales, parmi les noms des témoins des libéralités faites par les ducs, aux différents monastères de leurs Etats, dans les années 1132, 1172, 1180, 1181, 1186, 1189, 1190, 1205 et 1240.

Puis on voit, en 1295, le dénombrement d'Athie-sur-Montréal, canton de l'Isle-sur-Serein, arrondissement d'Avallon (Yonne), présenté par Guillaume dou Verne et sa femme aux religieux de Saint-Martin d'Autun, et en 1296 un accord fait par Jeannin de Verne, écuyer, et Alix, sa femme, au sujet de leur moulin d'Esnous, avec l'église de Notre-Dame de Baume (Haute-Saône.)

Sont-ils de la même famille ces *dou* et *de* Verne? Les auteurs de l'ouvrage : « *La Noblesse aux Etats de Bourgogne* » en font deux familles distinctes, vu la différence de leurs armes et de la particule *dou* et *de;* mais la chose est ici de peu d'importance, car il n'y a à retenir la famille de Jean de Verne d'Esnous, et d'Alix, sa femme, que pour en mentionner les actes de 1296, 1338, 1345 et 1348, qui établissent trois générations, et pour noter que si MM. Baume et d'Arbaumont ont pu inscrire d'autres *de* Verne à l'article des de Verne d'Esnous, c'est qu'ils y ont joint des de Verne appartenant, sans conteste, à la famille du Verne, erreur facile, qui leur est commune avec Courtépée dans sa « *Description générale et particulière du duché de Bourgogne.* »

Tout considéré, c'est donc les *dou* Verne du dénombrement d'Athie-sur-Montréal, qui semblent être les auteurs de la famille du Verne, qui, arrivée au

XIVᵉ siècle à Fourcherenne, commune de Saxi-Bourdon, et à Marancy, commune de Bona, canton de Saint-Saulge, arrondissement de Nevers, est devenue totalement nivernaise.

En dehors de cette branche, on trouve :

1301. — Jean de Verna, écuyer, hommage à cause de Bourbon-Lancy (Saône-et-Loire.)

1302. — Pierre dou Verne, écuyer, quittance de gages donnée au camp d'Arras, en Flandre.

1334 et 1343. — Dénombrement d'un arrière-fief en la ville et justice d'Arcy-sur-Cure, canton de Vermenton, arrondissement d'Auxerre (Yonne), appartenant à Philippe dou Verne, écuyer.

1384. — Procuration donnée par l'abbesse de Marcilly-les-Avallon (Yonne), dans laquelle Etienne du Verne, prêtre, est témoin.

Mais ces du Verne n'ont pu être rattachés nulle part; on ne peut donc que les mentionner et revenir à la branche dont la filiation peut s'établir.

I

De la Roche, porte :
....
....

Le dimanche avant la Nativité de Saint-Jean-Baptiste (juin 1295), Guillaume dou Verne, chevalier, et Marguerite de la Roche, sa femme, donnent à l'abbé et aux religieux du monastère de Saint-Martin d'Autun, le dénombrement de ce que la dite Marguerite tenait en fief du dit monastère, dans la *(villa parochiale)* d'Aty. Dans ce dénombrement, Marguerite et son mari reconnaissent devoir une somme de soixante-dix livres tournois; Marguerite est fille de Jean de la Roche *(prepositus de Rocha de Milayo, domicellus)*, c'est-à-dire chevalier, qui, en 1282, avait acheté de Jean, sᵍʳ de Châtillon-en-Bazois, de la Roche de Milay, de Glènes et autres lieux, tout ce que sa fille déclare tenir en fief à Athie, dans le dénombrement qu'elle donne audit jour 1295.

Le samedi avant la fête de Saint-André, apôtre (novembre 1296), Guillaume dou Verne, chevalier, et sa femme, confirment l'engagement de 1295; Guillaume mourut peu après, car sa veuve, le 11 mars 1302, renouvelle les engagements de 1295 et de 1296, ayant pour témoin Guillaume dou Verne, fils de feu Hugues dou Verne, est-il dit. [1]

De Guillaume dou Verne et de Marguerite de la Roche, on ne connaît qu'un fils :

Huguenin du Verne qui suit.

II

Huguenin du Verne, écuyer, fils de Guillaume dou Verne, chevalier, et de Marguerite de la Roche, sa femme, n'est connu que par l'accord qu'il fait en 1299, avec Henry de Châtillon, s^gr de la Roche-Milay, et par une note de M. de Brémond d'Ars, dans une notice faite par lui, sur la maison du Verne, d'après des papiers de famille alors existants dans la famille de Moncorps,

---

De Chaulgy, porte :
Écartelé d'or et de gueules.

[1] Ce Guillaume dou Verne, témoin du renouvellement de l'engagement d'Aty de 1302, fils d'Hugues, est-il le garde du scel du duc de Bourgogne à Moulins-Engilbert (Nièvre) en 1328 ? Est-ce le même qui, en 1340, assiste à la transaction de Jean de Beauvoir, sire de Chastellux (Yonne), avec Simon de Gayes, et en 1347 au testament du dit Jean de Beauvoir. Serait-il aussi le père de Girard du Verne qui donne, en 1378, le dénombrement des Essarts-Oudet, près Issy-l'Evêque (Saône-et-Loire), et de Guillaume et de Pierre du Verne, écuyers, frères et maris de Jeanne et de Philiberte de Chaulgy (acte de 1413), dames de Vaulxerry, commune de Chissey-en-Morvand, canton de Lucenay-l'Evêque, arrondissement d'Autun, sœurs de Marguerite de Chaulgy, femme de Jean de Marry, toutes trois filles de Guillaume de Chaulgy et de Guillemette de Laval, et petites-filles de Jean de Chaulgy et d'Isabelle de Chastillon-en-Bazois.

Quoiqu'il en soit, ce dernier Guillaume, frère de Pierre du Verne, n'eut pas d'enfants. En 1380, il est témoin de Guillaume de Lespinasse pour le dénombrement de Maltaverne, commune de Briennon, à cause de Semur-en-Brionnais (Saône-et-Loire); de 1411 à 1412 on le voit au siège de Château-Chinon, sous les ordres du duc de Bourgogne, et en 1421 sa femme donne en son nom et au sien le dénombrement de Vaulxerry à Georges de Clugny, pour Ménessaire, canton de Liernais, arrondissement de Beaune (Côte-d'Or.)

C'est par le dénombrement donné au duc de Bourgogne en 1423, par Georges de Clugny, que l'on voit que Guillaume est mort, que sa femme vit et que son frère vit également avec Philiberte de Vaulxerry, sa femme. Pierre du Verne et Philiberte ont des enfants, entre autres Guyot alias Guillaume, et peut-être Etienne du Verne, écuyer, mari de Marguerite de Certaines, mentionné en 1446 dans la succession de Guy de la Caffondrée, et Pierre du Verne, seigneur de Marizy, commune de la Guiche (Saône-et-Loire), qui, le 9 juin 1493, est témoin de Jean de Tenay. Guyot alias Guillaume du Verne, échangea, en 1443, Vaulxerry avec Lambert de Laval, son parent, et alla habiter le Petit-Millery, près Autun, où en 1446 il est témoin d'un compte fait au monastère de Saint-Martin, et en 1456, d'une sentence rendue en faveur du dit monastère.

(château de Fertotot). D'après cette note, le nom de la femme d'Huguenin,

serait N..... de Latrault, dont il eut deux fils, que l'on voit co-seigneurs d'un quart du fief de Marancy et qui, le 22 juillet 1351, font avec Jean d'Aligny, Henry Saulnier, et Jean de Druy, s^{grs} des trois autres quarts du dit Marancy, chacun d'eux pour un quart, un bail à bordelage des biens, que tous ensemble avaient déjà mis à bordelage vingt ans auparavant.

Huguenin du Verne et N..... de Latrault eurent donc les dits deux fils ci-dessus dits.

3. Edme, premier du nom, s^{gr} de Marancy, *alias* Aimé, meurt sans alliance croit-on.

3. Jean du Verne continue la lignée.

III

Jean du Verne, écuyer, s^{gr} de Marancy en partie, fils d'Huguenin du Verne et de N..... de Latrault, était aussi s^{gr} en partie de Surgy, canton et arrondissement de Clamecy (Nièvre), d'après la donation du 18 décembre 1427, faite par son fils, Philippe du Verne, à Jean de Vauldre, son beau-fils (le fief de Surgy s'appelait Alacour, maison, courtil, fossez, motte, etc.)

Jean du Verne possédait encore les dixmes de Latrault, dont moitié était assise sur la terre de Surgy (donation du 18 décembre 1427), et l'autre moitié sur le fief de Sancy, commune de Saint-Franchy, canton de Saint-Saulge (Nièvre), et il semble avoir de plus Fourcherenne, fief relevant de la motte de Saxy-Bourdon, canton de Saint-Saulge, car son fils aîné, Philibert du Verne, est dit s^{gr} du dit Fourcherenne, dans l'arbitrage de 1381.

Jean du Verne épousa Marguerite de Marry, fille de Jean de Marry, s^{gr} de Cuy, et d'Isabeau d'Arcy, sa femme. Cuy est de la commune de Chougny; Arcy de celle de Limanton; ces deux communes sont du canton de Châtillon-en-Bazois et de l'arrondissement de Château-Chinon (Nièvre). Marguerite de Marry survécut à son mari et se remaria en deuxièmes noces à Jean le Bidault, s^{gr} de Poussery, commune de Montaron, canton de Moulins-Engilbert (Nièvre).

Jean du Verne, le samedi avant les Brandons 1349, acheta de Guillaume de Talaye, époux de Jeanne de Roche, et de ses frères et sœurs, divers héritages situés au finage d'Aglan (proche Marancy, paroisse de Bona), mais

Guillaume l'Oiseaul lui ayant contesté la dite acquisition, il lui en fit cession par accord du dimanche après la Fête-Dieu 1351. En 1359, le jeudi après le dimanche où l'on chante *Letare Jerusalem*, Jean dou Verne donna à Jean de Châteauvillain, le dénombrement des héritages et du four banal qu'il avait à Luzy (Nièvre), ainsi que de la maison des Broces, qui fut à Jean des Choux; il dut mourir peu après, car sa femme, remariée à Jean Le Bidault, et ayant encore perdu ce second mari dont elle eut Jeanne, Isabeau et Alice, fait, étant veuve, en 1377, un dénombrement au comte de Nevers, pour une place de maison à Sancy, et en 1380, le 20 août, en donne un autre pour Chaumigny, commune de Saint-Gratien-Savigny, canton de Fours, au nom de ses filles du second lit, dont elle est tutrice. On voit encore la dite Marguerite transiger et partager, le 16 mai 1384, à Moulins-Engilbert, avec ses enfants, Jeannette du Verne, femme de Guyot Letort, et Philibert et Jean du Verne; puis en 1387, le dimanche après la fête de tous les Saints, elle donne un acte d'affranchissement à une de ses femmes serves de Diennes, canton de Decize, et enfin, le 15 septembre 1396, elle donne au duc de Bourbonnais, au nom de ses enfants, dénombrement pour divers héritages à Cuy. (Cuy, maison-forte du XVe siècle à laquelle ont été ajoutés divers petits corps de logis des XVIIe et XVIIIe siècles, écu sculpté aux armes des du Verne.)

Jean du Verne et Marguerite de Marry eurent pour enfants:

4. Philibert du Verne qui suit.

Le Tort, porte :
D'argent, à trois tourteaux
de sable.

4. Jeanne du Verne, femme de Jean Le Tort, que l'on voit transiger, le 16 mai 1384, avec sa mère et ses frères, donne le 3 février 1400, étant veuve, au grand prieur du monastère de Saint-Martin d'Autun, le dénombrement des biens qu'elle possède à Marcy (le grand Massé, commune de Chougny), tant en son nom qu'au nom de ses enfants, à cause de Beunas, commune de Maux, canton de Moulins-Engilbert.

4. Jean du Verne, auteur de la branche de Cuy, qui suivra à son article, dit « branche de Cuy. »

De la Chaulme, porte :
D'azur, à la fasce d'argent
chargée de trois larmes
de sable.

4. Marguerite du Verne, femme de Jean de la Chaulme, dont elle est veuve le 23 juin 1415.

Des Choux, porte :
. . . .
. . . .

4. Isabeau du Verne, femme de Philibert des Choux, ne vivait plus le 9 mai 1445.

4. Philippe du Verne, écuyer, s^gr de Surgy (Nièvre), qui est prisonnier du duc de Bourgogne en 1423, avait épousé Thenonotte, veuve de N..... de Vauldre, et le 18 décembre 1427, il donne à Jean de Vauldre, son beau-fils, ses biens de Surgy, venant en partie de Jean du Verne, son père, et la moitié de la dixme de Latrault, dont l'autre moitié est attachée au fief de Sancy.

IV

Philibert du Verne, écuyer, s^gr de Fourcherenne, de Marancy en partie et possesseur de la portion de la dixme de Latrault, assise sur Sancy, fils de Jean du Verne et de Marguerite de Marry, se maria deux fois. De sa première femme, Aglantine de La Tournelle, veuve de Jean de Compant, dit d'Auxois, dont elle avait des enfants, et qui testa le 13 octobre 1412, il n'eut pas d'enfants. De sa deuxième femme, Annette du Jardin, qui lui survécut, il eut postérité. Philibert et sa femme firent les actes suivants :

La Tournelle, porte :
De gueules, à trois tours d'or.

Du Jardin, porte :
....
....

1380, 12 septembre. — Dénombrement donné au grand prieur de Saint-Martin d'Autun, par Philibert et Jean du Verne frères, des choses et héritages qu'ils possèdent à Marcy (le grand Massé), à cause de Beunas.

1381, 3 mars. — Arbitrage de Philibert du Verne, s^gr de Fourcherenne, dans la cause entre nobles hommes Robert de Montsaulnin et Guillaume du Chastel, mari de Jacquette d'Anlezy, dame de la Chaume, commune de Saxy-Bourdon.

1384, 16 mai. — Transaction et partage à Moulins-Engilbert, entre Philibert, Jean, son frère, et Jeannette, leur sœur, femme de Guyot Le Tort.

1393, 5 avril. — Bail à bordelage fait à Guyot Barleuf, d'héritages situés à Marancy, par Philibert et Jean du Verne frères.

1401, 8 décembre, et 1402, 7 juillet. — Accord entre Jean d'Aligny et Pierre de Talaye au profit de Philibert et Jean du Verne frères, pour la mainlevée de la saisie des biens, sis à Marancy et à Roche, paroisse de Bona, provenant de la succession de feu Gaucher l'Oiseaul, faite par eux.

1405. — Gages de Philibert du Verne, comme capitaine du château de Decize, pour le comte de Nevers.

1405, août. — Philibert et Jean du Verne frères, sont au nombre des gens d'armes qui suivirent le duc de Bourgogne, dans l'armée par lui assemblée pour le service du Roi.

1408. — Le vendredi après la Saint-Luc, échange avec Guyot Robelin, demeurant à Marancy.

1410. — Dénombrement du quart de Marancy et du quart des bois de Poincy, donné au comte de Nevers par Philibert et Jean du Verne frères.

1411, 8 juin. — Alix de Champeaux, femme de Perrin l'Auvergnat, cède à Philibert du Verne, un bien assis à Bona, qu'elle et feu Guillaume, son père, avaient tenu depuis quarante ans du dit Philibert et de Jean du Verne, son père.

1412 à 1433. — Gages de Philibert du Verne, comme capitaine du château de Decize.

1412, 13 octobre. — Accord entre Philibert du Verne, s^{gr} de Fourcherenne, et Jean de Frasnay, s^{gr} de Montigny, mari de Guyotte de Compant, belle-fille du dit Philibert. Jean de Frasnay cède la terre de Moraches, canton de Brinon, et Philibert cède différentes rentes, se chargeant de payer la rente portée dans le testament du 13 octobre 1412, de feue Aglantine de La Tournelle, en faveur de l'abbaye de Fontenay.

1413. — Le mercredi après la Purification, achat de biens situés à Marancy, et le 4 juin 1414, bail à bordelage de biens sis à Fourcherenne.

1417. — Par lettres après Quasimodo, Philibert de Mery, prieur de Saint-Nicolas de Nevers, accense à Philibert du Verne, un héritage sis à Marancy, et le dit Philibert baille au même lieu à Philibert de La Bâtie.

1418, 1ᵉʳ février. — Philibert prend à rente de l'abbé de Vézelay, un bien situé à Marancy, et le 12 octobre, sa femme, Annette du Jardin, achète une vigne à Champvert, commune de Decize.

1423. — Commissions données à Philibert, capitaine du château de Decize, par ordre de la comtesse de Nevers, pour diverses charges à remplir.

1426, 8 mai. — Achat d'un pré à Marancy.

1427, 9 octobre. — Bail à bordelage fait à Mathé Bourgoing, par Philibert et sa femme, Annette du Jardin, de terres situées à Chevannes-les-Crots, commune de Diennes.

1428, 16 juin. — Création d'un marché pour la ville de Decize, dont Philibert du Verne est un des témoins.

1433. — Commission donnée à Philibert du Verne, comme capitaine du château de Decize.

1439. — Philibert du Verne est mort, car à cette date ses enfants paraissent dans le dénombrement de Verou, donné par Belle d'Arcy, au comte de Nevers, et sa femme est veuve dans les actes suivants.

1440, 21 janvier. — Contrat de mariage d'Agnès du Verne, fille de feu Philibert du Verne, assistée de sa mère, Annette du Jardin, et de ses frères, Amé et Jean du Verne, avec Colas de Charry, fils de Jean de Charry et de feue Agnès Tixier, sa femme. Jean de Charry, qui est présent au contrat de son fils, est sᵍʳ de Charry, et par suite de transactions avec Jean d'Aligny, en 1403, et son cousin, Charles de Charry, il avait, à ce moment, la moitié de Marancy et de Wuez.

1441, 25 janvier. — Déclaration à Decize, faite par Philiberte de Coulches, au profit d'Annette du Jardin, alors veuve de Philibert du Verne.

1442, 7 avril. — Vente à Hugues de Druy, par Annette du Jardin et ses fils, Amé et Jean du Verne, de rentes assises sur le fief de Tors, commune de Decize, avec clause de réméré; ces rentes sont garanties par la partie de Marancy et d'Aglan, appartenant aux dits vendeurs.

Philibert du Verne et Annette du Jardin eurent pour enfants :

5. Amé du Verne qui suit.

5. Philibert du Verne, prieur de Saint-Pierre-le-Moûtier, assiste le 2 janvier 1479, au contrat de mariage de Gamaliel de La Châtre, avec Marguerite Trousselle.

5. Jean du Verne, auteur de la branche de Sancy et de Challement, qui suivra à son article, dit « branche de Sancy et de Challement. »

De Charry. porte: D'azur, à la croix ancrée d'argent.

5. Agnès du Verne épousa, comme il est dit plus haut, Colas de Charry, le 21 janvier 1440. Le 10 août 1448, on la voit donner avec son mari, alors s^{gr} de Wuez et de Charry, un dénombrement à Jean Botheron, à cause de Claude de Chassy, sa femme, dame de Jailly, et les 28 novembre 1451 et 20 octobre 1464, lesdits s^{gr} et dame de Charry, font divers baux à bordelage. Sous leur autorité et de leur consentement, Pierre de Charry, leur fils, épousa à Nevers, le 9 décembre 1480, Claude du Chastel, fille de Berthier du Chastel, s^{gr} de Villiers-sur-Yonne, et de Jeanne Carré, dame de Chassy. Louis du Verne, s^{gr} de Neuville, cousin-germain du futur, est un des témoins. Le 6 mars 1481, la dite Agnès fait avec son mari un bail à bordelage, à Guillaume Grizard; le 17 avril 1482, elle est veuve dans l'acquisition de biens qu'elle fait à Charry à cette époque; le 4 janvier 1485, elle donne aux époux Dupré des lettres d'affranchissement et de manumission et le 29 décembre 1489, elle fait un bail à bordelage à Jean Mauldre, en son nom et au nom de ses enfants.

5. Huguenin du Verne fait, le 15 novembre 1482, avec ses frères Amé et Jean du Verne, aveu et dénombrement des étangs d'Aigremont, arrondissement d'Auxerre, canton de Chablis (Yonne), à l'abbaye de Moutiers-en-Ders.

5. Jean du Verne paraît dans l'aveu ci-dessus, avec Amé et Huguenin, ses frères.

V

Amé du Verne *alias* Aimé, Anne, Esme, Edme, écuyer, fils de Philibert du Verne et d'Annette du Jardin, s^{gr} de Fourcherenne, de Roche, de Marancy en partie et de Jailly aussi en partie, fut également s^{gr} de Saint-Pierre-du-Mont, de Neuville-les-Brinon, d'Etaules et autres lieux; il mourut après 1492 et se maria trois fois.

De Coulches, porte :
De vair plein

De sa première femme, Jeanne de Coulches, fille de Jean de Coulches, s^{gr} d'Etaules-les-Avallon, et d'Agnès de Saint-Verain, dame de Saint-Pierre-du-Mont, de Neuzy et autres lieux, qu'il épousa en 1444, il eut sept enfants.

Botheron, porte :
....
....

De sa deuxième femme, Jeanne Botheron, fille de Jean Botheron, s^{gr} des Buillettes, et de Claude de Chassy, dame de Jailly en partie, sa femme, qu'il épousa en 1460, il eut quatre enfants.

Dès Ulmes, porte :
De sinople, au lion morné
d'argent.

De sa troisième femme, qui lui survécut, Perrenelle des Ulmes, fille de Jean des Ulmes, s^{gr} de Trougny, commune de Rouy, et de Marguerite de La Perrière, qu'il épousa en 1484, il eut deux enfants.

Amé est connu par les actes de :

1439. — Dénombrement au comte de Nevers, par Belle d'Arcy, pour sa terre de Verou, où Amé et Jean du Verne frères tiennent le fief de Jeannot-des-Fossés.

1440, 21 janvier. — Amé et Jean du Verne frères assistent au mariage de leur sœur avec Colas de Charry, et le 4 août, ledit Amé fait un accord avec le dit Colas, son beau-frère.

1442, 7 avril. — Vente à réméré faite à Hugues de Druy, de diverses rentes assises sur Tors, par Amé et Jean du Verne frères, avec Annette du Jardin, leur mère.

1444, 21 décembre. — Accord entre Pierre du Colombier, dit de Beaujeu, sᵍʳ de Montcauquier et d'Asnois, et ses frères et sœurs, d'une part, et Amé du Verne, mari de Jeanne de Coulches, d'autre part. Amé du Verne renonce aux droits qu'il pouvait avoir sur Asnois, du chef de sa femme, et le dit Pierre de Montcauquier, renonce pour lui, ses frères et sœurs, à ce qu'ils pouvaient prétendre sur les héritages de Saint-Pierre-du-Mont, d'Ouldre, d'Amazy, Chiure, Roche, etc., etc.; réserve la terre de Chezeaul, à partager entre eux.

1445, 26 mars. — Quittance donnée par Jeanne Leclerc, veuve d'Hugues de Druy, au nom de ses enfants, à Amé du Verne, qui rachète les rentes vendues par lui, son frère et sa mère, le 7 avril 1442, et par ses auteurs en 1351, sous réserve de réméré et garanties par leurs terres de Marancy et d'Aglan.

1446, 21 août. — Quittance donnée par Bureaul de Maisoncomte, au profit d'Amé du Verne, qui, le 22 mars 1453, rachète l'engagement fait sur la terre de Biennes, à Guillaume Le Tort.

1454, 17 décembre. — Bail fait à divers, à Saint-Pierre-du-Mont, par Amé et Jeanne de Coulches, sa femme.

1457, 18 avril. — Acquisition de la Tannière *alias* les Simonnots (commune de Saxy-Bourdon), par Amé du Verne, sᵍʳ de Fourcherenne, sur Guillaume, sᵍʳ de Sercey, d'Igornay, de Champallement et de Saxy-Bourdon.

1459, 12 juin. — Lettres-patentes données par Mᵍʳ le duc de Nivernais, à Amé du Verne, pour lui concéder droits de justice sur les terres, propriétés, cens, rentes, bordelages et autres droits de directes, relativement aux terres de Fourcherenne et de Marancy et réunions faites à icelles, avec permission de dresser une enseigne de justice à deux piliers et de jouir des droits et prérogatives attribués à la dite justice, à condition de relever de fief du duché.

de Nivernais; les dits droits de fief et de justice ont leur extension sur toutes
les propriétés que pouvait avoir le dit du Verne, à l'époque de la dite concession, dans toute l'étendue du duché de Nivernais.

1459. — Hommage, rendu au comte, par Amé du Verne, pour Fourcherenne.

1460, 28 septembre. — Dénombrement de Giverdy, commune de Sainte-
Marie-de-Flageolles, canton de Saint-Saulge, donné par Colas des Granges, à
Amé du Verne, marié à Jeanne Botheron, sa seconde femme, dame de Jailly
en partie, avec laquelle les 31 décembre 1460 et 12 avril 1461, il fait des baux
à bordelage d'héritages sis à Jailly.

1462-1463. — Actes divers : bail du 26 avril 1462; accord du 26 juillet 1462,
avec Pierre Le Goyat, s^{gr} d'Eugny; dénombrement du 11 novembre 1462; et
hommage du 11 juin 1463, à Hugues de Rabutin, pour Neuville-les-Brinon,
faits par Amé du Verne au nom de ses enfants de sa première femme,
Jeanne de Coulches, dont il est tuteur.

1464, 13 janvier. — Bail à rente, fait à Fourcherenne, par Amé du Verne,
se faisant fort pour tous les enfants qu'il avait de sa première femme et pour
Jeanne Botheron, sa deuxième femme.

1464 (sans autre date). — Hommage rendu au comte pour Fourcherenne,
par Louis du Verne, s^{gr} de Neuville, comme procureur d'Amé, son père.

1466-1483. — Actes de bordelages faits à Jailly : le 1er juin 1466; les
31 janvier et 31 décembre 1468; le 31 janvier 1469; sans date de jour, en 1470;
le vendredi après la Saint-Denis, 1471 (Louis du Verne, témoin); le 1er septembre 1480; le 11 juillet 1481, et le 23 février 1483, par Amé du Verne alors
marié à Jeanne Botheron.

1467, 21 juillet. — Montre du Nivernais, où parmi les hommes d'armes,
figure Amé du Verne, écuyer.

1467, 8 décembre. — Reconnaissance, par Jean de Terdres, de biens vendus à Jailly par son père et par lui, au profit de feu Philibert du Verne, faite à Amé du Verne, fils du dit Philibert.

1469, 25 juillet. — Sentence arbitrale rendue par Regnault et Erard Le Breton, dans l'affaire entre Jean de Beaujeu, ses frères et sœurs, d'une part, et Louis et Pierre du Verne, tant en leur nom qu'au nom de leurs frères et sœurs, d'autre part, au sujet de la succession de feue Jeanne de Coulches, leur mère (succession de Saint-Verain). Amé du Verne, leur père, est un des témoins.

1469 (sans date de jour). — Montre du Nivernais, où parmi les hommes d'armes à lances simples garnies de coustillers, paraît Amé du Verne, écuyer.

Sans date. — Transaction entre Louis du Verne, chargé de la procuration de son père, et Marc de Reugny, au sujet de leurs hommes et chevances de Vandenesse.

1471, 24 mars. — Vente par Guillaume Popon, à Jailly, au profit de Jeanne Botheron, femme d'Amé du Verne.

1473, 25 mai. — Amé du Verne assiste au contrat de mariage d'Huguenin de Maumigny, avec Jeanne du Verne, de la branche de Sancy et de Challement.

1478, 27 novembre. — Transaction, en forme de partage, des enfants de feue Jeanne de Coulches et d'Amé du Verne, avec leur frère Jean.

1482, 15 novembre. — Aveu et dénombrement des étangs d'Aigremont, près de Noyers (Yonne), à l'abbaye de Moutiers-en-Ders, entre Amé et ses frères Huguenin et Jean du Verne.

1485, 24 janvier. — Acte d'affranchissement donné à des habitants de Jailly, par Amé du Verne, mari depuis 1484 de Perrenelle des Ulmes, sa troisième femme, au nom d'Edme, Antoine, Philiberte et Isabeau, enfants de lui et de feue Jeanne Botheron.

3

1486 à 1491. — Actes de baux à bordelage des 8 avril 1486; 7 septembre 1487; 23 février 1489; 15 avril, 11 juillet et 1er décembre 1491, à Fourcherenne et à Marancy, par Amé du Verne et Perrenelle des Ulmes, sa femme. Dans le bail du 15 avril, outre le nom de sgr de Fourcherenne et de Marancy en partie, il se dit sgr de Roche, bien situé paroisse de Bona, proche Marancy.

1488, 12 mai. — Accord entre Pierre de Charry et Amé du Verne; présents : Jean de Charry et Pierre du Verne.

1491, 18 août. — Echange entre Amé du Verne et Pierre Obrée, curé de Saxy-Bourdon.

On ignore la date de la mort d'Amé du Verne; sa troisième femme, Perrenelle des Ulmes, lui survécut. Ses enfants firent plusieurs actes sans faire mention de lui; le partage qu'ils firent de sa fortune est du 21 mars 1506. De ses trois femmes il avait eu treize enfants, huit fils et cinq filles; trois fils seulement figurent au partage. Pierre a, en plus des biens de sa mère, Jeanne de Coulches, Fourcherenne et partie de Marancy appartenant aux du Verne; Edme eut Jailly, étant fils de Jeanne Botheron; Philibert, fils de Perrenelle des Ulmes, eut, par suite d'arrangement avec ses frères et sœurs de père, Etaules, près d'Avallon (Yonne), et s'y fixa.

1512, 20 novembre. — Perrenelle des Ulmes donne procuration à son fils, Philibert du Verne, sgr d'Etaules, pour vendre à Louis de Frasnay, différentes directes seigneuriales qu'elle possédait à Bussières, paroisse de Montigny-sur-Canne.

Enfants d'Amé du Verne et de sa première femme Jeanne de Coulches :

6. Louis du Verne, écuyer, seigneur de Neuville-les-Brinon, dont il hérita de sa mère, fut bachelier en décret, il est mentionné dans les actes des 26 avril, 26 juillet et 11 novembre 1462; 11 juin 1463 et 13 janvier 1464 : baux, accords et dénombrements faits par son père, Amé du Verne, son tuteur, après la mort de Jeanne de Coulches, et au nom des enfants mineurs qu'elle lui laissait. En 1469, le 25 juillet, Louis et Pierre du Verne obtiennent une sentence arbitrale, pour la succession de leur mère, avec les Beaujeu. On a encore de Louis une transaction faite au nom de son père, avec Marc de Reugny, au sujet d'hommes et de chevances à Vandenesse. Le vendredi après la Saint-Denis 1471, il est témoin d'un bordelage que fait son père, à Jailly, et le 18 octobre 1473, qualifié de *scutiferus*, il assiste à la prise de possession de l'abbaye de Cure par son parent, Claude du Verne, qui remplaçait comme abbé un autre cousin, Jean du Verne, qui avait résigné cette dignité. Ce Jean du Verne, religieux de Saint-Martin d'Autun, y avait été grand prieur de 1446 à 1462, et avait quitté l'abbaye pour aller à Cure (Thors), dont on l'avait élu l'abbé en 1468.

1475, 10 juillet. — Bail de Neuville fait au profit de Louis du Verne, qui, de concert avec son frère Pierre, obtient, le 3 octobre, des lettres royaux de Louis XI, contre le s^{gr} d'Huban, mais qui, le 19 du même mois, voit Jacques de Loron, pourvu aussi, contre lui, de lettres royaux, à cause de Moraches. Le 27 novembre 1478, Louis du Verne eut à faire une transaction en forme de partage, avec Jean du Verne, son frère, et ses autres frères et sœurs, au sujet des biens de Jeanne de Coulches, leur mère (ce Jean devint religieux à Corbigny), et le 9 décembre 1480, il assista au mariage de son cousin-germain, Colas de Charry, avec Claude du Chastel. Le jour de la Sainte-Catherine 1482, il fit établir, conjointement avec Pierre du Verne, son frère, les limites des justices de Rozières et de Saint-Pierre-du-Mont, et d'après un procès-verbal d'enquête, fait en 1499, le jour de la Saint-Luc, Louis est déclaré noble et sage maistre, bachelier en décret. Que devint-il? On ne trouve plus, après cette date de 1482, de renseignements sur lui; seulement, dans l'évaluation des fiefs d'Auxois, du 1er novembre 1503, on lit: « Que Claude de Mandelot, écuyer, tient la seigneurie d'Oches, en la prévosté d'Avallon, et la seigneurie d'Etaules, naguère appartenant à Louis du Verne, par récompense de ce que le dit Louis tient parti contraire. » (1)

Bonnestat, s^{gr} de Carbon, porte :
D'azur, à la bande d'or, accompagnée de trois étoiles d'argent.

De La Vigne, s^{gr} de Bulcy, porte :
D'azur, à un fusil d'or en chef, accompagné de trois cailloux d'argent posés 2 et 1.

(1) Ce dit Louis du Verne, s^{gr} de Neuville, dont on ne connaît pas l'époque de la mort, n'aurait-il pas un fils, Jean du Verne, qui, en 1545, a des biens à Bulcy, et en 1548 vit toujours, ayant ces dits biens touchant les héritages à Louis de Bussy et à François du Vauldre. Ce Jean du Verne avait épousé Jeanne de Poiseux, qui, étant veuve, se remaria en deuxièmes noces à Pierre Bonnestat et en troisièmes noces à Jean de La Vigne, veuf aussi : 1° de Catherine de La Barre ; 2° de Catherine Cochon.

Ce Jean du Verne eut, de Jeanne de Poiseux, deux filles :

1° Esmée du Verne, veuve de Jean Bonnestat en 1580;

2° Léonarde du Verne, qui épouse, le 27 janvier 1580, Denys de La Vigne, s^{gr} de Bulcy, qui fait hommage au duc, par procuration, en 1598, pour partie de la seigneurie de Neuville, que l'on voit veuve en 1614, et qui marie son fils, Florent de La Vigne, le 16 janvier 1617, avec Jeanne de Boisthierry.

6. Pierre du Verne qui suit.

6. Jacques du Verne, écuyer, était prêtre; il est mentionné dans les actes des 26 avril, 26 juillet et 11 novembre 1462; 11 juin 1463; 13 janvier 1464; 25 juillet 1469; 27 novembre 1478; 7 septembre 1487; actes faits par son père, son tuteur, et ses frères aînés, Louis et Pierre du Verne. Le 31 janvier de cette dite année il avait été témoin dans un acte passé à Toulon-sur-Arroux (Saône-et-Loire), et en 1498, 6 juin, étant alors prieur de La Montagne, aujourd'hui Grenois, canton de Brinon, il assista à la vente d'une partie de Bona et de Marancy, que Blaise d'Aligny vendait à Pierre de Charry.

La Chasseigne, porte : D'azur, à la fasce d'argent, accompagnée d'un lévrier courant, de sable, colleté d'argent, cloué de gueules et accompagné de trois glands d'or et posés deux en chef et un en pointe.

La Rivière, porte : De sable, à la bande d'argent.

6. Alixonde du Verne, connue par les actes que fait son père, son tuteur, en 1463 et 1464; par l'accord du 21 juillet 1469, avec les Beaujeu, se maria deux fois: 1° à Robert de La Chasseigne, car en 1464, on voit cet écuyer faire hommage en son nom et au nom de sa femme au comte de Nevers, pour la terre des Crots-de-Chevannes, appartenant à la dite Alixonde; 2° à Jean de La Rivière, qui, le 7 octobre 1484, fait un bail à bordelage à la famille Valery, au nom de sa femme, pour des terres sises à Diennes, à Craye et à Chevannes, par acte passé à Decize.

6. Jean du Verne, écuyer, mentionné avec ses frères et sœurs dans les actes de 1462, 1463, 1464, 1469, le partage de 1478 et l'acte de 1487, est devenu religieux au couvent de Corbigny.

6. Agnès du Verne, mentionnée dans les actes de 1463 et 1469, faits par son père et ses frères.

6. Perrenelle du Verne, mentionnée dans les actes de 1463 et 1469, comme ses frères et sœurs.

Enfants d'Amé du Verne et de sa seconde femme Jeanne Botheron :

6. Edme ou Edmond du Verne, qui suivra.

6. Antoine du Verne, écuyer, sous la tutelle de son père, veuf de Jeanne Botheron, est cité avec Edme, Philiberte et Isabeau, son frère et ses sœurs de mère, dans l'acte d'affranchissement du 24 janvier 1485 et dans le bail à bordelage du 18 avril 1486, fait par Amé du Verne, leur père et leur tuteur.

Robin, porte :
D'azur, à un mouton passant d'argent et une étoile de même posée en chef.

6. Philiberte du Verne, mentionnée dans les actes de 1485 et 1486, épouse Guillaume Robin, s^gr de Villette, fils de Guillaume Robin et de Jeanne de La Forest. (Voir l'acte du 21 juillet 1550.)

Du Souchet, porte :
....
....

6. Isabeau du Verne, mentionnée comme ses frères et sœur dans les actes de 1485 et 1486, épouse Guillaume du Souchet. (Voir l'acte du 11 février 1549, par lequel les dits époux vendent des droits à Richard de Saint-Phalle.)

Enfants d'Amé du Verne et de sa troisième femme Perrenelle des Ulmes :

6. Philibert du Verne, auteur de la branche d'Etaules, qui suivra à son article, dit « branche d'Etaules. »

6. Gilles du Verne, treizième enfant d'Amé du Verne, mort jeune.

VI

Pierre du Verne, écuyer, second fils d'Amé du Verne et de Jeanne de Coulches, sa première femme, s^gr de Saint-Pierre-du-Mont, d'Etaules et de Neuville, par sa mère ; de Fourcherenne, de Marancy en partie, et de Jailly en partie par son père, fit rebâtir ou réparer la maison-forte de Fourcherenne, qui est très haute, flanquée d'une tourelle d'escalier à pans coupés et terminée par un étage carré, en encorbellement. On y remarque des consoles d'une brétèche, au-dessus de la porte, en accolade à moulures ; un écusson fascé à une bordure engrelée (du Verne avec brisure de branche cadette), ce qui prouverait que c'est bien Pierre du Verne qui est l'auteur de cette construction. En effet, Pierre a un frère aîné, qui est seigneur de Neuville, Louis du Verne, dont on ignore la date de la mort. On trouve sur d'autres bâtiments le même écusson, parti des mêmes armes et d'un palé de six pièces au

Bardin, porte :
D'azur, au trèfle d'or, soutenu d'un croissant d'argent accosté de deux étoiles du même.

chevron brochant sur le tout (de Fontenay). Par contrat du 21 septembre 1505, à Hery (province du Berry), Pierre du Verne épousa Marguerite Bardin, veuve d'Eustache de Bastard, en son vivant s^gr de Soulangy et de Monthodon, et fille de Jean Bardin, sʳ d'Herry, et de Marguerite. . . . . sa femme. Le dit futur agit de sa propre autorité, la future assistée de ses père et mère. Sont témoins du dit mariage : noble homme Jean du Chastel, sʳ de Chassy; Geoffroy de La Grange, sʳ de Montigny, et Jean de Maraffin, sʳ de Guerchy.

Pierre du Verne est connu par les actes communs avec ses frères et sœurs, des 26 avril, 26 juillet et 11 novembre 1462; 11 juin 1463; 13 janvier 1464; 25 juillet 1469; 9 décembre 1475, et 27 novembre 1478. En 1468, il est varlet servant dans la maison de Jean de Bourgogne, comte de Nevers; en 1476 et 1477, il est pannetier du comte; en 1478 et 1479, il est dispensé du ban et arrière-ban, comme attaché à la maison du comte; en 1484, 1ᵉʳ mai, il baille à Neuville, à Antoine Defferre; en 1485, 13 octobre, il fait un bail d'usages à divers habitants de Saxy-Bourdon; le 6 juin 1486, il fait une reconnaissance de biens à Mons; le 16 juin, même année, il fait un accord, au même Mons, avec Philibert Anceaul, sʳ de Villiers-le-Sec, et enfin le 19 juin, toujours de la dite année, on voit dans la rénovation du terrier d'Etaules, les habitants du dit lieu, déclarer que Pierre du Verne est sʳ pour la moitié, à cause de Jeanne de Coulches, sa mère, et que l'autre moitié est au chapitre d'Avallon, sauf la souveraineté du Roi.

Les 10 et 14 octobre, toujours 1486, Pierre du Verne donne le dénombrement d'Etaules au Roi; le 7 septembre 1487, son père baille, à Fourcherenne, en son nom et au nom de ses frères et sœurs; le 12 mai 1488, il est témoin de l'accord de son père, avec Colas de Charry, et le 1ᵉʳ février 1492, il fait à Marancy, un bail à bordelage, à Jean Rosseaul. En 1498, Pierre du Verne est dans le rôle des féodaux d'Auxois, comme sʳ d'Etaules. Dans l'enquête faite le jour de la Saint-Luc 1499, il est déclaré que le jour de la Sainte-Catherine 1482, le dit Pierre et Louis du Verne, son frère aîné, avaient fait établir ensemble les limites de leurs justices à Mont et à Rozières, dont ils étaient seigneurs. Le 10 février 1500, de concert avec Edme du Verne, son frère, il fait un bail aux Robelins à Marancy; le même jour il baille à Saxy-Bourdon; le 18 mars de la même année il obtient des lettres-patentes pour Etaules, et le 21 mars 1506, il partage la succession de son père, Amé du Verne, avec ses frères Edme et Philibert. Pierre a Fourcherenne et Marancy en partie; Edme a Jailly, et Philibert Etaules.

Le 15 avril 1507 et le 12 novembre 1511, Pierre du Verne donne les dénombrements de Neuville au sʳ d'Huban, et il fait, en 1512, et le 8 septembre 1514, aux Dufour et Defferre, des baux à bordelage au dit Neuville.

Marguerite Bardin survécut à son mari; le 10 mai 1517, elle obtint de Blaise Rabutin, s^{gr} d'Huban, des lettres de souffrances, pour dénombrement à donner au nom de ses enfants mineurs, dont elle est tutrice, et le 18 janvier 1518, elle fait un bail à Neuville au même titre de veuve et de tutrice.

Pierre du Verne et Marguerite Bardin eurent plusieurs enfants; une fille, Françoise du Verne, seule, survécut.

De Fontenay, porte :
Pâlé, d'argent et d'azur,
au chevron de gueules
brochant sur le tout.

7. Françoise du Verne, dame d'Herry, par sa mère, devint, du chef de son père, dame de Fourcherenne, de Marancy en partie, de Jailly en partie, de Saint-Pierre-du-Mont, de Neuville et autres lieux; elle épousa, avant 1526, Jean de Fontenay, de la maison de Pougues, s^{gr} de la Tour-de-Vêvre, Neuvy-à-deux-Clochers, Verneuil et Champaïen, fils de Guillaume de Fontenay et de Philiberte de Digoine. Françoise du Verne eut neuf enfants, et elle est connue par les actes suivants :

1526, du dernier jour de février. — Bail fait à Jean Defferre, de biens à Neuville, par Jean de Fontenay et sa femme.

1543 (sans date de jour). — Hommage au comte de Nevers pour Rozières, par Jean de Fontenay et Françoise du Verne, sa femme. (Pièces justificatives, t. I, page 444.)

1549, 11 février. — Cession par Charlotte du Souchet, veuve de Léon Lefort, à Richard de Saint-Phalle, des droits qu'elle pouvait avoir dans le testament du 21 octobre 1547, fait par Edme du Verne, s^{gr} de Jailly, son oncle, dont l'exécuteur testamentaire était Jean de Fontenay, mari de Françoise du Verne.

1550, 21 juillet. — Sentence du bailliage de Nevers à la requête de Françoise du Verne, autorisée en justice, contre son mari, Jean de Fontenay, et Eloy du Verne, son cousin-germain, au sujet de la succession d'Edme du Verne, père du dit Eloy.

1557, 28 septembre. — Cession par Philippe Jacquinet, femme de Philibert Lebault, à Simon Lebault, de ses droits à l'occasion de la succession contestée d'Edme du Verne, s^{gr} de Jailly, par Françoise du Verne, qui, le 25 novembre 1557, perdit du reste ce procès, et qui paraît comme veuve dans les actes suivants :

1560,.28 janvier. — Donation faite par Guy de Fontenay, grand archidiacre de l'église de Nevers, à son neveu, Edme de Fontenay, fils de feu Jean de Fontenay et de Françoise du Verne, qui est présente à la dite donation.

1561, 15 janvier. — Donation faite par le duc de Nivernais, à Françoise du Verne, veuve de Jean de Fontenay, des droits de quint, requint, ventes, fruits et revenus qui appartenaient au dit s^{gr} duc, sur les quatre cinquièmes du fief de Jailly, par suite de saisie féodale, à la charge par elle de donner son aveu et dénombrement.

1561, 14 mars. — Echange à Rozières, entre Françoise du Verne, le s^{gr} de Saint-Verain et le duc de Nivernais.

1561, 11 avril (après Pâques). — Acte de foi et hommage rendu à Nevers par le doyen du chapitre de Bethléem-les-Clamecy, à Françoise du Verne, pour des héritages à Saint-Pierre-du-Mont.

1564, 4 juillet. — Contrat de mariage d'Eloy du Verne, s^{gr} de Jailly, avec Anne de La Borde, auquel assiste Françoise du Verne.

1569, 9 juillet. — Donation faite par Edme de Fontenay, un des cent gentilhommes de la maison du Roi, à sa mère, des terres de Neuville et de Fourcherenne.

1575, 28 janvier. — Requête de Françoise du Verne, contre la saisie de Neuville, faite par Madeleine de Pontallier, veuve de Blaise de Rabutin.

1578, 1er février. — Donation faite par Françoise du Verne, à Eloy du Verne, de bois situés à Saxy-Bourdon, qu'elle avait eu de Richard Prévot, cessionnaire de Richard de Saint-Phalle, avec lequel la dite Françoise transige en 1579, au sujet de biens sis à Marancy et à Jailly.

1579, 22 août. — Donation faite à Eloy du Verne, s^{gr} de Jailly, par Françoise du Verne, dame de Fourcherenne, de ce qu'elle a à à Marancy.

1580, 30 mars. — Testament de Françoise du Verne, fait à Nevers, dans lequel elle se dit dame de la Tour-de-Vesvre et Neuvy-à-deux-Clochers en Berry; Fourcherenne, Marancy en partie, Neuville, Saint-Pierre-du-Mont, Saint-Aubin, Herry en partie, Givry, Chassigny, La Motte, Dillon, Anneot, Villiers-le-Comte en Bourgogne. Elle choisit pour ses exécuteurs testamentaires, Léonard de Damas, chevalier de l'ordre du Roi, et N..... de Blanchefort, s^{gr} d'Asnois.

1581, 9 mai. — Vente de biens, sis à Saxy-Bourdon, faite par Françoise du Verne, dame de Fourcherenne, à son cousin germain et non pas son neveu, comme il est dit dans l'acte, Eloy du Verne, qui se dit s^{gr} de Roche, commune de Bona, au finage de Marancy, où il habite.

1582, 18 juillet. — Lettres de partage du duc et de la duchesse de Nivernais pour la succession de Françoise du Verne, veuve de Jean de Fontenay, en laquelle s'éteint la branche de Fourcherenne.

VI

Edme *alias* Edmond du Verne, écuyer, s^{gr} de Jailly et de Marancy en partie, qui continue la famille, fils d'Amé du Verne et de Jeanne Botheron, dame de Jailly, sa deuxième femme, épousa à Chassy, commune d'Ourouër, Jacquette du Chastel, fille de Berthier du Chastel, s^{gr} de Villiers-sur-Yonne, et de Jeanne Carré, sa femme, dame de Chassy en partie et de Breuille; on ne sait pas la date de ce mariage, le contrat ayant été brûlé avec l'étude du notaire qui le contenait, dans l'incendie de Saint-Saulge, et on ignore aussi l'époque de la mort de Jacquette du Chastel qui est morte avant son mari. Les deux époux n'ayant que deux enfants se firent une donation en 1529, par laquelle ils se donnaient réciproquement leurs biens, dans le cas où leurs enfants ne leur survivraient pas. Edme du Verne testa le 21 octobre 1547, ne laissant qu'un fils, Eloy, sa fille, Isabeau, étant morte jeune.

Edme est connu par les actes suivants :

Le 24 janvier 1485 et le 8 avril 1486, il est nommé, avec son frère Antoine
et ses sœurs Philiberte et Isabeau, dans les actes faits par leur père, leur
tuteur, remarié en troisièmes noces avec Perrenelle des Ulmes ; le 8 février 1495,
il fait une enquête pour le moulin de Jailly et un bail à bordelage aussi à
Jailly ; le 11 août 1496, date à laquelle Guillaume Chevalier lui donne le
dénombrement de La Chaume, fief relevant du château de Jailly ; le
10 février 1500 et le 17 mars 1506, il fait des baux à bordelage aux Robelin et
à Guillaume Theveneaul, et le 21 mars de la même année, il partage la
succession de son père avec ses frères, Pierre et Philibert du Verne. Pierre a
Fourcherenne et la partie de Marancy qui appartient à la famille ; Edme a
Jailly ; Philbert a Etaules.

Le 20 novembre 1508, Edme obtient une commission pour faire saisir
Guillaume Chevalier, faute de devoir de fief, qui, le 20 avril 1510, obtient de
son côté des lettres royaux pour être maintenu en possession du dit fief de
La Chaume, paroisse de Saxy-Bourdon, finage de Fourcherenne. En 1511,
5 février, Edme fait un bail, et le 7 mai de la même année, il reçoit enfin de la
veuve de Guillaume Chevalier, le dénombrement de La Chaume, à cause de
son chastel de Jailly. — 1511 à 1516. Actes des 5 juillet 1511, échange de bois à
Poincy ; 9 août, même année, accord avec les Millet ; 1513, 12 mai, bail à
François Rameau, d'Aglan ; 1513, 15 juin, jugement rendu à Jailly contre
divers personniers ; 1516, 2 avril, bail à bordelage à Jailly, et 22 juillet, même
année, bail à bordelage à Gilbert Talin, à Marancy.

En février 1527, Edme se fait donner décharge par Paul de La Forest, et
Regniée, sa sœur, dont il était tuteur, et le 13 octobre de cette même année,
il fait opposition à l'exécution de l'arrêt rendu contre Marie Botheron, dame
de Serres et de Breulottes, alors veuve de Jean de Villeneuve, s^gr de Boisrous-
seau, déclarée complice du meurtre de François Andras, s^gr de Changy, par
les du Chastel frères, écuyers. Par sa mère, Jeanne Botheron, dame de Jailly,
fille de Jean Botheron et de Claude de Chassy, Edme du Verne descendait de
Jacquette d'Anlezy, dame de La Chaume, de Jailly et du Marais, et de Jean de
Chassy, s^gr de Chassy, son second mari. Jacquette d'Anlezy avait épousé en
premières noces Guillaume du Chastel, dont elle n'eut pas d'enfants, et qui,
en 1381, eut un procès avec Robert de Montsaulnin, procès qui finit par
l'arbitrage de Philibert du Verne, s^gr de Fourcherenne. Par sa femme,

Jacquette du Chastel, fille de Berthier du Chastel et de Jeanne Carré, le dit Edme du Verne était l'oncle de François, de Charles et de Joachim du Chastel, et de Louise, leur sœur, femme de François Andras.

Après la donation mutuelle du 5 novembre 1529, entre sa femme et lui, si leurs deux enfants ne leur survivaient pas, on voit Edme nommé, le 12 octobre 1531, exécuteur testamentaire d'Eugène de Frétoy; le 12 août 1533, il est convoqué pour la tutelle des enfants de Pierre de La Rivière et de feue demoiselle du Pré; le 25 juin 1536, il fait des baux d'héritages à Michel Robelin, et du moulin de Jailly à Georges Petit; le 19 mars 1539, il afferme à nouveau le moulin de Jailly; enfin, le 30 avril 1540, il donne à la duchesse de Nevers un dénombrement de La Motte et de la seigneurie de Jailly, dont est tenue une partie de Marancy, une partie de Giverdy, par les Paillards, et La Chaume, par les héritiers de Guillaume Chevalier. Dans ce dénombrement Edme déclare qu'il a servi toute sa jeunesse le Roi, dans ses ordonnances, compagnie d'Orval, gouverneur de Champagne. Le 16 mars 1544, Edme fait un accord avec Martin du Péray, à Jailly; le 21 mai de la même année, il obtient en sa faveur une sentence arbitrale de Guy de Fontenay, et le 22 juillet 1546, il s'accorde avec Grégoire et Charles des Paillards, Philippe de Carroble et autres.

Le testament d'Edme du Verne est du 21 octobre 1547; on ne le possède pas, mais on en connaît la date par suite du procès que la famille fit à son fils Eloy et à son exécuteur testamentaire Jean de Fontenay, mari de Françoise du Verne, qui se joignit en cette affaire à sa famille et plaida contre son cousin et son mari, s'étant fait pour ce faire, autoriser en justice.

Edme du Verne et Jacquette du Chastel eurent pour enfants:

7. Eloy du Verne qui suit.

7. Isabeau du Verne, morte jeune, n'est connue que par la donation de 1529.

VII

Eloy du Verne, écuyer, s^gr de Roche, de Marancy en partie et de Jailly aussi en partie, fils unique d'Edme du Verne et de Jacquette du Chastel, sa femme, habita d'abord Roche (commune de Bona), puis La Varenne, qui devint Pontillard, petit manoir flanqué d'une tourelle xvie siècle, de la commune de Saxy-Bourdon.

Eloy se trouva, à la mort de son père, en butte aux attaques de toute sa famille; le contrat de mariage de ses père et mère avait été brûlé, avec l'étude du notaire, dans l'incendie de Saint-Saulge, causé par des soldats de passage. La famille, profitant de ce fait, essaya de nier le mariage d'Edme du Verne et de Jacquette du Chastel, et de faire de leur fils un bâtard; le procès dura longtemps, on fit des enquêtes, comme on le voit par les pièces du 11 février 1549: cession de Charlotte du Souchet, cédant ses droits au testament de son oncle; une sentence du bailliage de Nevers de 1550; une autre cession du 28 septembre 1557, et enfin un arrêt du 25 novembre de la dite année 1557, qui déboute les demandeurs. Eloy gagna son procès; ses droits furent reconnus.

Suivant contrat du 4 juillet 1564, il épousa, par devant Marin, notaire à Saint-Saulge, au lieu de Massy, résidence des Scorailles, Anne de La Borde, fille de feu Lopin *alias* Louis de La Borde, s^{gr} de Serin et de Montiffault, et de feue Isabeau de Savigny. Eloy du Verne est dit écuyer, s^{gr} de Jailly et de Marancy en partie, du vouloir et consentement de dame Françoise de Fontenay, veuve de Jean de Fontenay, dame de Fourcherenne et de La Tour en Berry, présente; il s'engage à prendre pour femme Anne de La Borde, de présent à Fourcherenne, usant de ses droits et du vouloir et consentement de François et de Jean de Scorailles, écuyers, ses beaux-frères. Témoins : Guy de Fontenay, grand archidiacre de Saint-Cyr de Nevers; Edme de Fontenay, s^{gr} de Verneuil, et les dits François et Jean de Scorailles, écuyers.

Le 20 juin 1573, Eloy fit un accord et convention avec Jean de Bœufz, s^{gr} des Escheneaulx; le 13 mai 1577, il obtient l'adjudication de divers cens à son profit; le 1er février 1578, Françoise du Verne lui fait donation de bois sis à Jailly; le 22 août 1579, elle lui donne aussi la terre de Marancy, à elle advenue par le testament d'Edme de Fontenay, son fils. Enfin, le 30 mars 1580, elle lui lègue par testament, et le 9 mai 1581, lui vend différents héritages sis à Saxy-Bourdon, ce qui fait que suivant le dénombrement du 1er octobre 1581, Eloy est devenu possesseur du quart de Marancy. On a une copie collationnée faite à sa requête, le 7 septembre 1582, du *vidimus* du 3 août 1484, et du dimanche des Brandons 1349.

Le 14 juin 1583, il achète, de Marguerite de Fontenay, dame de Fourcherenne, des biens situés à Saxy-Bourdon, et la cinquième portion de la terre de Regny en Berry; le 23 juin de la même année, il donne au duc et à la duchesse de Nevers, une reconnaissance de biens, au nom de sa femme, à cause de Champallement; le 27 mars 1584, il fait hommage pour des bois de

Jailly à Gabrielle de Batarnaye, veuve de Gaspard de La Châtre, dame de
Ternant; le 20 août 1589, Marguerite de Fontenay lui concède l'usage de bois
à Fourcherenne; le 3 avril 1590, il achète le fief de Chastray, et le 8 avril suivant
il marie sa fille, Françoise du Verne, avec Edme des Ulmes. C'est par ce
contrat de mariage que l'on sait qu'il a une autre fille, Marguerite du Verne.
Louis Regnier, s^{gr} de Champloiseau, reprend de fief, le 30 novembre 1591,
le fief de Chastray, sur Eloy, que l'on voit les 16 mai 1593 et 1596 faire des
baux à bordelage à Marancy; figurer, le 11 août 1598, dans une enquête avec
sa femme, Anne de La Borde, et Edme du Verne, son fils; rendre hommage,
le 22 octobre 1598, au comte de Nevers, pour le quart de Marancy; échanger,
le 4 novembre 1598, des héritages avec Pierre Rapine; obtenir, le 9 décembre 1599, une sentence arbitrale contre François du Lys; reconnaître des
directes, le 21 avril 1601, à Marancy; marier son troisième fils le 1er août 1604,
et le 25 octobre suivant partager ses biens entre ses enfants. Le partage se fit
à La Varenne, devenu Pontillard:

François du Verne, l'aîné de ses fils, a pour sa part ce qui est au lieu, finage
et justice de Marancy, tout ainsi que le tout s'étend et comporte, la justice
haute, moyenne et basse, maisons, granges, prés, terres, pâtureaux, domaines
vignes, leurs rentes, bordelages et autres dépendances du dit lieu de Marancy,
(à la réserve toutefois de ce qui écherra au lot d'Esme l'aîné), plus la justice
entière des bois de Poincy et des dits bois qui est au lot du dit François.

Esme du Verne l'aîné, second fils, a pour sa part et portion le lieu du
Rouget, assis à Neuville, tout ainsi que le tout s'étend et comporte sans rien
réserver, comme aussi le lieu et domaine des Menauts, assis en la paroisse,
justice et finage de Jailly, comme aussi le bordelage dû par les Duret et
Varigault et ce qui a été acquis par ses dits père et mère des Benoist; item,
le cens et bordelage dû par Antoine Belard, de Giverdy; item, le lieu Cous-
sard, assis au dit Jailly, ensemble tout ce qui a été acquis du prieur de Jailly,
sur les Millot, à la réserve des Fournereaux, plus les redevances usagères de
Poincy, etc.....

Esme du Verne le jeune, le dernier fils, a pour sa part et portion les Fournereaux, terres situées à Jailly; les lieux et tènements de La Varenne et de Chastray, situés paroisse de Saxy-Bourdon, et leurs dépendances situées en quelque
endroit qu'elles soient et les bois de Jailly. Dans ce partage, fait au lieu de
La Varenne, où habite Eloy, par devant Paul Roi et Pierre Rapine, notaires à
Saint-Saulge, il n'est pas fait mention des filles; Françoise, l'aînée, était mariée
à Edme des Ulmes, et Marguerite, sa sœur, n'existait probablement plus.

Eloy du Verne et Anne de La Borde eurent pour enfants:

Des Ulmes, porte :
a sinople, au lion morné
d'argent.

8. Françoise du Verne, épousa, suivant contrat du 8 avril 1590, Edme des Ulmes, fils de Claude des Ulmes, s^{gr} de Trougny, et de feue Françoise d'Osnay, sa femme. On parle d'une Marguerite du Verne, sœur de la future; la maison d'Eloy où se passe le contrat s'appelle Roche. Sont présents: François du Lys, s^{gr} de Jailly; Charles des Ulmes, oncle du futur; Jacques de Charry, prieur de Mazille; François de Charry, s^{gr} du dit lieu, tous parents et alliés. Françoise du Verne mourut étant veuve, le 21 janvier 1634, et fut inhumée à Saxy-Bourdon, sa paroisse. Elle fit pendant son veuvage, le 26 février 1619 et en 1628, diverses acquisitions à Trougny, et le 23 avril 1632, elle maria, à Ville-les-Anlezy, son fils, Charles des Ulmes, avec Anne de Foullé.

8. François du Verne, s^{gr} de Marancy en partie, qui suit.

8. Esme du Verne l'aîné, s^{gr} de Bona, d'Aglan et de La Varenne-en-Bazois, qui suivra à son article, dit « branche de La Varenne. »

8. Esme du Verne le jeune, s^{gr} de La Varenne (devenu Pontillard), paroisse de Saxy-Bourdon; de La Chaume, même paroisse de Saxy-Bourdon; de La Ronde, paroisse de Montenoison; de La Roche, paroisse de Prémery, et de Jailly en partie, qui suivra à son article, dit « branche de Jailly. »

8. Marguerite du Verne, connue seulement par le contrat de mariage de sa sœur Françoise, morte jeune.

BRANCHE DES SEIGNEURS DE MARANCY

VIII

François du Verne, écuyer, s^{gr} de Marancy en partie et de Roche, fils aîné d'Eloy du Verne et d'Anne de La Borde, sa femme, mourut après avril 1632 et avant février 1634. Il fut homme d'armes de la compagnie du sire de La Guilche, puis de la compagnie du sire de Montigny, et enfin capitaine de cent hommes d'armes de Sa Majesté le roi Louis XIII.

En 1595, le 19 janvier, ayant tué en duel Adrien de la Logère, s^{gr} de Lathenon, il obtint des lettres de rémission du Roi en avril 1596, et leur enre-gistrement le 11 février 1599, à Saint-Pierre-le-Moûtier.

En 1604, le 1er août, il est au mariage de son plus jeune frère, chargé de la procuration de son père; le 25 octobre de la même année, il reçoit sa part des biens de ses père et mère, et le 7 octobre 1607, on le voit, avec Esme le jeune, présent au mariage d'Esme l'aîné avec Madeleine de Pillemiers.

Suivant contrat du 11 mars 1614, passé devant Prudhomme, notaire, au lieu d'Origny, paroisse de Coulanges-les-Nevers, François épouse Esmée de Druy, fille de feu Balthazar de Druy, s^{gr} d'Avril-les-Loups, paroisse d'Aubigny-le-Chétif, et de défunte dame Françoise de. . . . . Dans ce contrat, François est assisté de son frère, Esme l'aîné, et Esmée de Druy, de son frère, Claude de Druy; les deux futurs sont majeurs de 25 ans et usant de leurs droits.

Possesseur du quart de Marancy, François acheta, le 12 novembre 1614, de Robert de Boisthierry, et les 15 janvier 1616, 8 février, 21 juin 1618, et 5 novembre 1619, plusieurs rentes ou redevances dépendantes de la directe de Marancy, et la moitié du dit Marancy, de Gabrielle d'Anlezy, dame de Lathenon et de Marancy en partie, veuve de Jean de Bréchard. Par ces acqui-

De Druy, porte :
De gueules, à la fasce d'argent, accompagnée de trois canettes du même.

sitions, il devint propriétaire des trois quarts de Marancy, dont le quatrième
quart appartenait à la famille de Charry, et il fait, le 22 février 1620, hommage
au comte de Nevers des dites acquisitions.

On trouve encore François, représenté par Philibert des Ulmes, dans le
partage du 11 octobre 1622, de biens communs entre ses frères et lui; le
16 novembre 1622, il figure encore avec sa femme, ses dits frères et leurs
femmes, dans le contrat de rente qu'ils font tous ensemble en faveur de Christophe Cochet; puis le 26 juin 1626, il est convoqué pour la tutelle de ses
neveux, enfants d'Esme du Verne le jeune et de Marie de Barnault, femme
séparée de biens de son mari.

Par sentence du bailliage de Nevers, les 1er août 1626 et 30 janvier 1630,
on voit aussi que François obtient le paiement de redevances à lui dues; et la
reconnaissance d'héritages à Marancy, et par arrêt de 1631 (8 novembre), ses
frères, Esme l'aîné, Esme le jeune et lui, sont reconnus exempts de tailles,
comme nobles et issus de noble race.

François mourut avant Esmée de Druy, que l'on voit veuve le 9 février 1634,
transigeant avec Gabrielle d'Anlezy, au sujet de biens sis à Marancy, et
d'usages dans les bois de Poincy.

En 1640, le 31 janvier, la dite veuve concède aussi divers droits d'usage; le
5 janvier 1643, elle achète de Pierre Maulguin, le domaine des Peroux, paroisse
de Bona; le 7 novembre 1644, elle donne dans sa maison seigneuriale de
Roche, sa procuration à son neveu, Jean de Druy, pour la représenter au
mariage de son fils, Jean du Verne, avec Esmée Maréchal, veuve d'Edme
des Manchins.

Le dernier acte concernant Esmée de Druy est du 24 mai 1648, elle partage
des terres sises à Bona, achetées de concert avec Gilles du Verne, fils d'Esme
du Verne l'aîné.

François du Verne et Esmée de Druy, eurent pour enfants :

9. Jean du Verne, qui suit.

9. François du Verne, de Marancy, écuyer, mort au
service du Roi, reçoit le 12 décembre 1635, un congé, donné à Metz, comme
faisant partie de la compagnie de chevau-légers du cardinal de La Valette; le
1er juillet 1636, il obtint un certificat de service au camp d'Alackmar; le 10 jan-

vier 1637, il est dans la compagnie de chevau-légers de Mgr le duc d'Enghien; le 31 janvier 1637, il a un congé de deux mois à Commercy; le 4 juillet 1639, il a un certificat de service dans la compagnie de gendarmes de M. le comte de Nancé, à l'armée des Pays-Bas; le 5 mai 1641, il en a un autre à Châtillon, étant dans la compagnie de Mgr le duc d'Enghien; et pendant ses congés, on le voit: en 1641, le 13 août, au contrat de mariage d'Antoine du Verne, chargé de la procuration du père du dit Antoine, et le 5 juin 1644, au mariage de Gilles du Verne, son cousin germain.

9. Regnault *alias* Arnault du Verne, écuyer, s^gr de Roche, gendarme dans la compagnie de Mgr le duc d'Enghien, mort au service du Roi, dans l'armée de Roussillon, le 21 août 1641, est inhumé le 27 dans l'église principale d'Elne, devant l'autel de Saint-Sébastien.

9. Léonard du Verne, écuyer, mort aussi au service du Roi, comme ses frères, est encore sous la tutelle de sa mère les 12 et 24 mai 1648, dates auxquelles il partage avec Jean, son frère aîné, les meubles et effets dont le dit Jean était chargé, ainsi que les jouissances d'immeubles que le dit Jean avait perçues pour le compte du dit Léonard.

9. Madeleine du Verne, marraine, le 19 août 1650, de Louis de Druy, fils de Louis de Druy et de Marie de Champs.

IX

Jean du Verne, écuyer, s^gr de Marancy, de Roche, d'Aglan et de Bona, fils aîné de François du Verne et d'Esmée de Druy, sa femme, devint possesseur de toute la seigneurie de Marancy par suite de diverses acquisitions qu'il put faire, soit à Aglan et à Bona, de son cousin Gilles du Verne; soit au finage de Marancy même, de divers vendeurs. Jean dut naître vers 1618, puisque le 19 juillet 1667, époque de la maintenue dans laquelle il est un des demandeurs, il avait quarante-neuf ans. Il mourut le 9 novembre 1679, avant sa femme, qui fut inhumée le 4 mars 1687, dans l'église de Bona, âgée de quatre-vingts ans.

5

Jean était un des chevau-légers du Roi ; il a, le 9 août 1635, un certificat de service de Léonor de Rabutin, constatant que le dit Jean s'est présenté en équipage convenable, pour le service de Sa Majesté ; le 4 juillet 1639, il est dans la compagnie de gendarmes du comte de Nancé, dans l'armée des Pays-Bas, et les 26 juillet et 5 septembre de la même année, il reçoit de nouveaux certificats de service du maréchal de la Meilleraye, au camp d'Esdien et à Annain.

Par contrat du 7 novembre 1644, par devant Pierre Milhes, notaire, en la chastellenie des Aix-d'Angillon (Berry), Jean du Verne épousa Esmée Maréchal, veuve d'Edme des Manchins, fille de Claude Maréchal, écuyer, s^gr de Breton, paroisse d'Aubinges (Berry) ; le futur est assisté de ses cousins germains, Jean de Druy, porteur de la procuration et de l'autorisation de sa mère, Esmée de Druy ; de Gilles du Verne, s^gr de Bona, et d'Eustache de Lichy, mari d'Anne du Verne ; la future est assistée de ses père et mère, elle a un fils de son premier mariage, Claude des Manchins, s^gr de Chassy (Berry), dont elle est tutrice.

Jean, par acquisitions et échanges du 30 mars 1647, du 14 novembre 1648, du 20 mars 1652, du 4 juin 1658, du 3 juin 1659, du 13 janvier 1661, du 23 septembre 1670, du 17 et 20 décembre 1672, finit par devenir possesseur de toute la seigneurie de Marancy, et par acquisition aussi sur Gilles du Verne, son cousin, des 3 juillet 1673, 30 octobre 1674, 22 juillet 1678, il devint également propriétaire d'Aglan et d'une partie de Bona. Les 12 et 24 mai 1648, il partagea avec son frère, Léonard du Verne, divers meubles et effets revenant à ce dernier. Le 6 août 1649, on le voit faire, à Marancy, une reconnaissance au chapitre de l'église de Nevers ; les 14 et 20 mars 1651, des baux à cens à divers habitants de Bona ; le 15 janvier 1657, il est condamné par sentence du présidial de Saint-Pierre-le-Moûtier, en faveur de Savary Maréchal ; le 2 août 1659, il concède des droits d'usage dans les bois de Poincy ; le 18 décembre 1659, il baille à cens divers héritages sis à Marancy ; le 1er février 1662, il assiste au mariage de Joachim de Lange, et le 19 juillet 1667, on a le jugement en maintenue de noblesse en faveur de Jean du Verne, écuyer, s^gr de Marancy ; Gilles du Verne, écuyer, s^gr de Bona et de La Varenne, et Antoine du Verne, écuyer, s^gr de La Roche. Jean est âgé de quarante-neuf ans, et demeure paroisse de Bona ; il avait pour frères, François, Renaud et Léonard du Verne, morts au service du Roi, et est marié à demoiselle Esmée Maréchal, de laquelle il a pour fils Marie-Pierre du Verne, âgé de quinze ans. Gilles est âgé de cinquante ans, demeurant en la paroisse d'Authiou, il a pour frères Jean et autre Jean du Verne, dont l'un est mort au service du Roi, et l'autre, à présent sous-brigadier des mousquetaires de Sa Majesté, est âgé de trente-deux ans. Gilles a pour femme damoiselle Anne de Saint-Quentin, de laquelle il a Léonard, Paul, Laurent et Edme du Verne, dont l'aîné n'a que quatorze ans. Antoine est âgé de cinquante-deux ans, a pour femme damoiselle Françoise du Lys, de laquelle il a pour fils Laurent, Eustache, Renaud, François et Jean du Verne, dont l'aîné est âgé de dix ans. La maintenue est signée Lambert, chevalier, s^{gr} d'Herbigny.

Le 8 novembre 1668, Jean du Verne fait, à Nevers, une convention pour obtenir la permission de faire dire des messes par M. le curé de Bona, dans la la chapelle qu'il a fait bâtir dans son enclos du château de Marancy, sous l'invocation de la très Sainte Trinité, humanité du Sacré-Cœur de Jésus-Christ, la très Sainte-Vierge Marie et le bienheureux Saint-Joseph.

Le 12 mars 1669, Jean du Verne qui avait fait saisir les revenus du fief d'Aglan, appartenant à Gilles du Verne, s^{gr} du dit Aglan, qui lui devait le remboursement de l'affaire Savary Maréchal, est mentionné dans le réglement de compte fait entre Gilles du Verne et Philibert Brisson. Par arrêt du Conseil d'Etat du 13 mai 1671, signé Foucault, confirmant la maintenue de noblesse du 19 juillet 1667, signée Lambert d'Herbigny, attaquée par le traitant, Jacques Trabot, nommé pour la recherche des titres de noblesse dans les généralités de Bourges et de Moulins, il est maintenu en la qualité de noble et d'écuyer ainsi que ses cousins germains, Gilles du Verne, s^{gr} de Bona, et Antoine du Verne, s^{gr} de La Roche-Jailly, leurs enfants et successeurs nés ou à naître en légitime mariage.

Le 26 août 1674, Jean du Verne avec Esmée Maréchal, sa femme, et Marie-Pierre du Verne, leur fils, assiste au mariage de son beau-fils et pupille, Claude des Manchins, qui épouse Esmée de Druy, fille de Louis de Druy, s^{gr} d'Avril-les-Loups et de Marie de Champs. Le 26 janvier 1676 il transige, conjointement avec son cousin Laurent du Verne, s^{gr} de Jailly, avec Pierre Rapine, s^{gr} de Fourcherenne, et dans son acte d'inhumation, faite dans l'église de Bona, le 10 novembre 1679, proche le ban ancien de sa famille, il est âgé d'environ soixante ans et s^{gr} de Marancy, de Bona et d'Aglan.

Jean du Verne et Esmée Maréchal n'eurent qu'un fils, Marie-Pierre, qui continue la lignée.

X

Marie-Pierre du Verne, écuyer, s^{gr} de Marancy, fils de Jean du Verne et d'Esmée Maréchal, naquit le 28 mars 1650, et fut ondoyé le jour même en la maison de messire Pierre Langlois, prêtre-chantre et chanoine de l'église des Aix-d'Angillons ; il fut baptisé le dernier jour de mai par le dit messire Langlois, dans l'église de Chassy, bailliage du Berry et siège présidial de Bourges ; parrain, Pierre de Montsaulnin, s^{gr} baron de Fontenay ; marraine, Gabrielle Maréchal. Marie-Pierre n'avait que quinze ans lorsque son père fut maintenu dans sa noblesse par jugement du 19 juillet 1667. Il fut un des chevau-légers de la garde du Roi, dont certificats des 9 mai 1684, 18 mars 1685, 3 février et 8 août 1686, 29 août 1687, 2 février 1688, 22 juillet 1689, et mourut à Versailles, en faisant son quartier, après 1690 et avant 1692. Le 26 août 1674, il assista au contrat de mariage de son frère utérin, Claude des Manchins, avec Esmée de Druy, et en 1674, le 8 novembre, paraît au contrôle des gentilshommes commandés par Georges de Reugny, pour marcher à l'arrière-ban de la dite armée, pour le sieur du Verne, son père.

Marie-Pierre du Verne épousa, suivant contrat du 3 novembre 1676 et par acte de mariage du même jour, en l'église de Bierry (Anstrude [Yonne]), damoiselle Françoise de Challemaison, fille de feu messire Jacques de Challe-maison, chevalier, s^{gr} de Genouilly, et de dame Françoise de Chargères, dame de Bierry, assistée de sa dite mère, remariée à messire Claude d'Anstrude, et de son dit beau-père. Marie-Pierre est dit s^{gr} d'Aglan ; son père est dit chevalier, s^{gr} de Marancy, et se fait fort au contrat de dame Esmée Maréchal, sa femme.

De Challemaison, porte :
D'azur, à deux clefs d'or, adossées et posées en chevron, accompagnées en chef d'une molette à huit pointes du même.

Marie-Pierre mourut avant sa femme, qui mourut le 3 octobre 1720, et l'on a d'eux les actes suivants :

1681, 6 août et 20 novembre. — Foi et hommage au duc de Nivernais, par messire Marie-Pierre du Verne, en raison de la terre et seigneurie de Marancy et du fief de Bona, de la chastellenie de Saint-Saulge.

1683, 11 mai. — Bail à cens consenti par Françoise de Challemaison, tant en son nom qu'au nom de Marie-Pierre du Verne, son mari, à Simon Danguy, demeurant à Wuez.

1690, 29 novembre. — Donation faite par demoiselle Gabrielle-Marie Maréchal, à son petit-neveu, François du Verne, fils de Marie-Pierre du Verne.

1691, 16 août. — Testament de demoiselle Gabrielle-Marie Maréchal, dame de Villaines-en-Berry, demeurant à Aglan, paroisse de Bona, par lequel elle laisse à la dame de Challemaison, sa nièce, pour faire bâtir une chapelle à Aglan en l'honneur de la Vierge-Marie.

1692, 15 décembre. — Bail à cens fait à Claude Lyon, par Françoise de Challemaison, de terres au finage de Marancy; son mari est absent. Mais le 26 août 1694, date à laquelle le dit bail à bordelage est renouvelé, la dite Françoise de Challemaison est veuve et tutrice de François du Verne, son fils.

En cette qualité, elle fait une vente à Marancy, le 26 septembre 1697; en 1698, elle paie des droits d'armoiries; le 31 mars de cette dite année, elle fait un échange de biens; le 1er février 1700, elle vend à cens aux enfants Lavache, à Aglan; le 8 mars, même année, elle baille à nouveau à Claude Lyon, et on a, le 5 novembre, toujours année 1700, une sentence de partage des bois de Poincy, entre Edmée Bezave, femme d'Achille Rapine, d'une part, et Françoise de Challemaison, veuve de Marie-Pierre du Verne; Louise de Bongars, veuve de Laurent du Verne, et Eustache et Arnault du Verne, frères du dit feu Laurent, d'autre part.

Françoise de Challemaison fait, le 30 décembre 1703, un bail à cens à Léonard Prévost, d'héritages à Marancy; les 12 et 13 juillet 1706, elle assiste au mariage de son fils avec Anne de La Duz, et elle fait les 25 juillet 1707 et 27 janvier 1708, divers baux pour son dit fils, alors au service de Sa Majesté; le 7 septembre 1710, elle assiste au baptême de son petit-fils, Joseph; le 3 décembre 1715, elle est marraine de son petit-fils, Claude-François, et le 8 septembre 1719, les Bongars lui vendent tout ce qu'ils possédaient à Aglan.

Marie-Pierre du Verne et Françoise de Challemaison eurent pour enfants :

11. Marie-Esmée du Verne, née en 1677, à laquelle le 24 juillet 1680 et 27 octobre 1683, sa grand'tante, Gabrielle-Marie Maréchal, fait une donation, à la charge de lui faire dire des messes à la chapelle du Rosaire, à Bona; Marie-Esmée meurt à douze ans, et est inhumée dans l'église de Bona le 15 décembre 1689.

11. Jeanne-Marie du Verne, née en 1681, baptisée à Bona le 22 septembre; parrain, Claude de Charry, s⁶ʳ de Giverdy; marraine, Jeanne-Marie de Mauroy, veuve de messire des Paillards; inhumée dans l'église de Bona le 29 janvier 1683.

11. François du Verne qui suit.

XI

François du Verne, écuyer, s⁶ʳ de Marancy, de Bona et d'Aglan, né le 16 mai 1684, ondoyé à l'église de Bona le 23 mai suivant, est mentionné dans la donation du 29 novembre 1690; en 1697, le 24 décembre, il est parrain de François Charlet, et il devint garde du corps des rois Louis XIV et Louis XV. Il obtint des certificats de services le 3 novembre 1706, le 16 août 1707, le 23 mai 1708, et le 13 janvier 1714, où il reçoit son congé définitif, ayant servi dix ans. Prisonnier de guerre en Hollande à la bataille de Ramillies, il eut, le 25 septembre 1707, un passeport signé de Henry de Nassau, feld-maréchal de l'armée hollandaise, pour rentrer en France.

Le 27 avril 1700, François avait donné le dénombrement du fief, terre, justice et seigneurie de Marancy, ses membres et dépendances, au duc de Nivernais; il y est dit chevalier, et héritier de ses père et mère quoique sa mère vive encore.

La Duz, porte :
D'argent, à deux lions
léopardés de gueules.

Par contrat du 12 février 1706, passé à Talin, diocèse d'Auxerre, et par acte de mariage du lendemain 13 février, dans l'église de Pourrain (Yonne), il épousa Marie-Anne de La Duz, fille de messire Jacques-Baptiste de La Duz, s⁶ʳ de Talin et de La Borde, et de défunte dame Marie Le Comte. François du Verne est assisté de sa mère, Françoise de Challemaison, sa tutrice, et la future assistée de son père, son tuteur; a des sœurs religieuses à l'abbaye des Isles d'Auxerre.

Le 21 août 1714, François du Verne transigea au sujet des bois de Poincy avec Anne des Manchins, épouse de Louis-Anne du Verne, s⁶ʳ de Jailly; François du Verne, s⁶ʳ de La Chaume et de Giverdy, et A.-A. Rapine et sa femme.

Marie-Anne de La Duz fut inhumée le 8 avril 1720, dans l'église de Bona, et François du Verne mourut avant 1727, d'après la procédure faite en cette année au bailliage de Nevers pour le tuteur des mineurs qu'il laissait et qui avait à faire rentrer les prix des arrérages à eux dus.

François du Verne et Marie-Anne de La Duz eurent pour enfants :

    12. Joseph du Verne qui suit.

    12. Pierre-Paul du Verne [1], écuyer, s^{gr} d'Aglan, né le 14 mai 1712, baptisé à Bona le 17 mai suivant ; parrain, N.-S.-Paul de Chabannes ; marraine, Anne Andras de Serres ; fut inhumé à Annay, généralité d'Orléans, le 29 janvier 1787, décédé la veille, âgé de soixante-quatorze ans. Ses états de service, délivrés au ministère de la guerre, sont : du Verne de Marancy (Paul), fils de François du Verne, chevalier, s^{gr} de Marancy, et de Marie-Anne de La Vu, né le 14 mai 1712, à Bona, en Nivernais. Lieutenant en second au régiment d'infanterie Navarre, le 1er janvier 1734 ; lieutenant le 3 mars 1738 ; capitaine le 19 juin 1745 ; capitaine, rang de major, le 13 août 1765 ; retraité par décision du 15 août 1766, avec rang de lieutenant-colonel du 29 août 1766. Blessures : blessé à Sahis, d'un coup de feu à la jambe gauche ; blessé d'un coup de feu à la tête, au siège de Maëstricht. Décoration : chevalier de Saint-Louis le 18 décembre 1750. Pierre-Paul est mentionné dans les actes de . . . . . 1727, procédure faite par son tuteur pour faire payer ses arrérages dus depuis six années. Le 20 novembre 1730, il figure dans le dénombrement de Marancy, donné par son frère Joseph, tant en son nom qu'au nom de ses frères et sœurs ; en avril 1731, il est compris avec son frère et son cousin dans les lettres de grâce obtenues pour l'affaire Charlot, mort dans une rixe, à Bona. (Pierre-Paul avait dix-huit ans à cette date.)

    Les 4 et 5 septembre 1737, il est condamné, avec son frère Joseph, par sentence en faveur du curé de Bona, pour la chapelle de Marancy ; le 3 août 1740, il s'engage au remboursement de la créance de Vienne, avec son frère Joseph et sa sœur Marie-Anne ; le 18 février 1745, il assiste, à Annay, au mariage de sa dite sœur Marie-Anne, avec Georges-Roch de La Perrière ; le 22 décembre 1755, il fait, à Marancy, un retrait lignager sur Pierre Lefèvre ; le 5 mars 1756, un échange avec Pierre Martin ; les 27 novembre et 23 décembre 1768 et le 13 février 1769, d'autres acquisitions sur divers, et le 20 octobre 1774, demeurant à Annay, il donne au duc de Nivernais, l'aveu et dénombrement du fief, terre, justice haute, moyenne et basse de Marancy, à cause de la châtellenie de Saint-Saulge. Enfin, on a du dit Pierre-Paul un

---

(1) Il s'appelle Paul partout, sauf dans l'acte de décès de sa tante en 1779, ce qui a fait ajouter partout le nom de Pierre, qui le distingue de ses cousins.

mémoire dressé par lui de ses états de service, dans les archives de M. le
comte de Savigny de Moncorps, au château de Fertotot. Dans ce mémoire,
après avoir énuméré les grades qu'il a pu obtenir et l'époque des dites nomi-
nations, il ajoute :

« A fait le service comme sous lieutenant postiche des grenadiers au siège
de Philisbourg s'est trouvé à l'attaque de l'ouvrage à cornes qui fut emporté;

« A été blessé dangereusement à la bataille de Jahay (Sahis, dit l'état de
service délivré par le ministère de la guerre), en Bohême d'un coup de feu à
la jambe gauche; le fut aussi au siège de Maëstrich d'un autre coup de feu
à la teste étant aux ordres de M^r le duc de Choiseul. Il a eu l'honneur de
commander un bataillon du dit régiment à la sortie qui se fit le 7 mars à
Cassel et enleva la batterie des ennemis aux ordres de Mr de Rochechouart.

« Depuis le commencement de son service jusqu'à présent il s'est trouvé
partout ou le régiment a donné.

« Les blessures graves qu'il a reçües et dont il ressent encore fréquemment
les douleurs jointes à 32 ans de services étant d'ailleurs très mal partagé du
coté de la fortune lui font espérer d'obtenir une retraite en apointement
payée à Gien généralité d'Orléans qui puisse le mettre en état de s'entretenir
en homme de qualité et continuer à soutenir sept neveux (qu'il destine au
service du Roy) comme il l'a fait jusqu'à présent avec partie de ses appointe-
ments, sa médiocre fortune le mettant dans l'impossibilité de quitter son
employ sans être bien traité par les grâces du Roy.

« En réponse du présent mémoire, Sa Majesté a bien voulu accorder une
pension de quinze cent livres par appointement et le brevet de lieutenant-
colonel. »

La Perrière, porte :
D'argent, à la fasce de
gueules, surmontée de
trois têtes de léopard
du même, couronnées
d'or, rangées en chef.

12. Marie-Anne du Verne, baptisée à Bona le 9 oc-
tobre 1714; parrain, messire Laurent du Verne, s^gr de Presle; marraine,
demoiselle Marie-Anne de La Duz; inhumée à Faverelles (Loiret). Avait épousé
le 18 février 1745, à Annay (Yonne), messire Georges Roch de La Perrière, âgé
de vingt-huit ans, un des chevau-légers de la garde du Roi, fils de feu messire
Edme Roch de La Perrière, s^gr du Martroy, et de feue dame Anne d'Anglars;
elle est mentionnée dans les actes de 1727 et 1730, avec ses frères Joseph,
Pierre-Paul et Pierre-Joseph du Verne.

12. Claude-François du Verne, baptisé à Bona le 4 décembre 1715; parrain, Claude des Manchins; marraine, Françoise de Challemaison. Inhumé dans l'église de Bona, le 1er janvier 1716, âgé d'un mois environ.

12. Françoise-Nicole du Verne, ondoyée à Bona le 25 février 1717, née le 18 janvier; parrain, Nicolas des Ulmes, sᵍʳ du Briou; marraine, Françoise de Challemaison. Mourut jeune.

12. Pierre-Joseph du Verne, écuyer, baptisé à Bona le 7 juillet 1718; parrain, Joseph du Verne, son frère; marraine, Françoise de La Duz. Fut tué à l'attaque du Redan de Maëstricht, le 10 mars 1748. Sa lettre de service, signée du Roi, le nomme Duverné.

Ses états de services délivrés au ministère de la guerre, sont : Duverné, lieutenant en second au régiment d'infanterie Navarre (1ʳᵉ compagnie ordinaire du 4ᵉ bataillon), nommé le 7 octobre 1747; ne figure plus sur les contrôles de 1748.

XII

Joseph du Verne, écuyer, sᵍʳ de Marancy, fils aîné de François du Verne et de Marie-Anne de La Duz, n'a pas servi. Né le 5 septembre 1710, ondoyé le 7 à l'église de Bona, et baptisé le 7 décembre dans la dite église; parrain, messire Joseph de La Duz, chevalier, capitaine dans le régiment de Navarre; marraine, dame Anne des Manchins, dame de Jailly. Joseph fut inhumé le 19 avril 1772, le jour de Pâques, dans la chapelle de la Sainte-Vierge, à Annay, et sa femme fut inhumée près de lui, le 9 mai 1790, décédée du 8, à soixante-dix-huit ans environ.

Le Bault, porte :
De gueules, au chevron d'or, accompagné du trois merlettes du même.

Suivant contrat du 19 juillet 1734, passé devant Dugué, notaire à Saint-Benin-des-Bois, Joseph avait épousé à Ville-les-Anlezy, Anne Le Bault, fille de feu messire Eustache Le Bault des Soulins (commune de Ville-les-Anlezy), et de feue dame Anne-Nicole des Ulmes. Le futur et la future procédant sous l'autorité et garde noble de messire Nicolas des Ulmes, chevalier, sᵍʳ du Briou, demeurant à Annay, pays de Puisaye, oncle maternel du dit futur, comme mari exerçant les actions de dame Marie de La Duz, tante maternelle du dit seigneur et son curateur, et la dite future aussi autorisée du dit des Ulmes, comme son oncle maternel, et de messire Simon Le Bault, s^{gr} de Langy, son cousin germain; les futurs se marient à l'église de Ville-les-Anlezy, le jour même du contrat, et sont mariés par Jacques Regnault, curé d'Aubigny-le-Chétif.

Pendant sa minorité et celle de ses frères et sœurs on a une procédure de 1727, au bailliage de Nevers, faite par leur tuteur, pour obtenir le paiement d'arrérages de six années, et on trouve, au 20 novembre 1730, une rendue de foi et hommage à la Chambre des comptes de Nevers, par Joseph du Verne, pour Marancy, qui doit être une erreur de classement. Le dit Joseph n'est pas majeur à cette date; en avril 1731, il obtient des lettres de grâce pour lui qui n'a que dix-neuf ans, pour son frère Paul qui en a dix-huit, et pour son cousin Thomas, âgé de dix-huit ans (affaire Charlot); puis c'est le 22 août 1736 qu'a lieu le dénombrement de Marancy et d'Aglan à la Chambre des ducs de Nevers.

En 1737, le 5 septembre, le dit Joseph est condamné à payer au curé de Bona, une somme à lui due par ses auteurs, et on le voit cette même année faire un accord pour lui, ses frères et sœurs, avec Nicolas des Ulmes, veuf de Marie de La Duz, dont ils sont héritiers. Le 14 avril 1739, Joseph et sa femme font une vente à Hugues-Charles Le Bault; le 3 août 1740, il s'engage pour lui et ses frères et sœurs, au remboursement à faire aux héritiers de Vienne, et il reçoit, en 1744, une lettre de M. de Challemaison, au sujet de la famille de sa mère; le 26 février 1742, il fait pour lui et ses frères et sœurs, une constitution de rente à Nicolas des Ulmes; le 18 février 1745, il assiste avec son frère Pierre-Paul au mariage de sa sœur, Marie-Anne du Verne, avec Georges de La Perrière. En 1756, il adressa une demande au comte d'Argenson, ministre de la guerre, pour faire entrer à l'école militaire de La Flèche ses deux fils, François et Georges-Roch. Le 27 septembre 1758 et le 25 mars 1768, il fait deux constitutions de rente, la première à Louis de La Roche, la deuxième à Barthélemy du Verne, s^{gr} de La Varenne et des Reguins.

Sa veuve et ses enfants, demeurant au château de La Borde, paroisse d'Annay, se partagèrent sa succession le 19 avril 1773; Louis-Philippe, capitaine au régiment de Navarre, en garnison à Metz, ayant les droits de François du Verne, prêtre-chanoine à Lille; Georges-Roch, lieutenant au régiment de Beaujolais, et Marie-Anne, leur sœur, interdite sous la tutelle de sa mère. Tous ensemble, le 19 avril 1773, reconnaissent une rente envers l'église d'Annay, et le 2 décembre 1777, Anne Le Bault représente sa fille, interdite, dans le partage par adjudication qu'elle fait avec Georges-Roch, son frère, alors demeurant au château du Martroy, paroisse de Faverelles (Loiret). Le 10 septembre 1779, la dite veuve et ses enfants assistent, à Annay, à l'inhumation de Marie de La Duz, et le 22 mars 1786, on trouve un bordereau de l'élection de Nevers, la concernant,

Joseph du Verne et Marie-Anne Le Bault eurent pour enfants :

13. Nicolas du Verne, écuyer, baptisé à Bona le 20 avril 1735; parrain, Nicolas des Ulmes, s^{gr} du Briou; marraine, dame Anne de La Duz, femme du dit sieur des Ulmes. Nicolas fut inhumé à Annay, le 24 mars 1747, à l'âge de douze ans.

13. Marie-Anne du Verne, baptisée à Annay le 17 janvier 1737, née le 16; parrain, Pierre-Paul du Verne, s^{gr} d'Aglan; marraine, Marie-Anne du Verne. Est mentionnée dans les actes des 19 avril 1773 et 2 décembre 1777. Par sentence du 12 juin 1773, rendue au bailliage d'Annay, sa mère avait été nommée sa curatrice à son interdiction. Elle mourut en Belgique où elle s'était retirée.

13. Hugues-Charles du Verne, écuyer, baptisé à Annay le 17 mai 1738, né le 10; parrain, Hugues Le Bault, s^{gr} de Langy; marraine, dame Anne de La Ferté, épouse du sieur Le Bault, s^{gr} de La Loge. Est officier au régiment de Navarre, et a dû mourir, vu son âge, au dit régiment peu avant 1756. La supplique que son père, Joseph, adresse au Ministre de la guerre à cette date, dit que le dit Hugues-Charles est mort officier au régiment de Navarre après le dernier siège de Maëstricht; mais cet après ne peut être pris à la lettre, car ce dernier siège a eu lieu en 1748; la supplique n'indique donc qu'une chose, c'est que le dit Hugues-Charles était officier au régiment de Navarre et qu'il y était mort avant la dite supplique.

13. Louis-Philippe du Verne qui suit.

13. François du Verne, écuyer, chanoine de l'église collégiale de Saint-Pierre de Lille, est mentionné dans les actes des 19 avril 1773 et 2 décembre 1777. Le 3 mars 1775, en la ville de Bonny-sur-

Loire (bailliage de Montargis), il avait fait donation de la nue-propriété des biens qui lui revenaient de la succession de son père, à Louis-Philippe, son frère aîné.

13. Georges-Roch du Verne, écuyer, baptisé à Annay le 26 juillet 1747; parrain, Georges-Roch de La Perrière, représenté par Hugues-Charles, frère du baptisé; marraine, Marie de La Duz. Lieutenant au régiment de Beaujolais, il épousa Anne-Marie Loiseau des Renaudières, et mourut à Guérigny, le 10 juin 1832, âgé de quatre-vingt-cinq ans environ.

Il est mentionné dans les actes des 19 avril 1773, 2 décembre 1777, et 10 septembre 1779; le 12 août 1776, il vend au marquis de La Maisonfort, une rente à lui due par son frère Louis-Philippe du Verne, s⁰ʳ de Marancy, et on le trouve porté sur la liste des émigrés du 31 juillet 1792.

Ses états de services, délivrés par le ministère de la guerre, portent : du Verne de Marancy (Georges-Roch), né le 25 juillet 1747, à Annay (diocèse d'Auxerre), sous-lieutenant d'infanterie au régiment de Beaujolais le 13 juillet 1767, a abandonné le . . . . . 1771.

Georges-Roch avait rejoint l'armée des princes.

13. Catherine du Verne, baptisée à Annay le 29 octobre 1749, née la veille; parrain, messire Auguste Terrier, s⁰ʳ de Toiseau; marraine, dame Catherine de Brézé. Catherine meurt jeune à l'abbaye du Réconfort.

XIII

Louis-Philippe du Verne, écuyer, s⁰ʳ de Marancy, fils de Joseph du Verne et de Marie-Anne Le Bault, né le 10 septembre 1741, au château de La Borde, et baptisé le même jour à Annay; parrain, Philippe Le Bault, écuyer, s⁰ʳ de Chavance (commune de Decize); marraine, Louise Dubois, femme d'Hugues Le Bault, s⁰ʳ de Langy; mourut le 9 décembre 1814.

Il servit au régiment de Navarre et ses états de services, délivrés par le ministère de la guerre, sont : du Verne, chevalier de Marancy (Louis-Philippe), fils de Joseph du Verne, s⁰ʳ de Marancy, et d'Anne Le Beaux, né le 12 sep-

*Loiseau, porte :
De sinople, à la fasce d'or, accompagnée en chef de trois cigognes et en pointe d'une étoile, le tout d'argent.*

tembre 1740, à Annay (en Auxerrois), lieutenant au régiment d'infanterie de Navarre le 1er mars 1756, capitaine le 20 juin 1761, réformé en 1763, replacé lieutenant le 13 août 1765, capitaine le 28 mars 1766, retiré avec pension de 800¹, le 25 avril 1786. Décoration : chevalier de Saint-Louis le 5 juillet 1781.

Louis-Philippe du Verne se maria dans l'église de Saint-Martin-d'Heuille, le 29 janvier 1782, avec Monique Carpentier de Changy, fille mineure de François Carpentier de Changy, chevalier, sᵍʳ de Vauzelles, du Pavillon, de Beaudéduit et autres lieux, chevalier de l'ordre royal et militaire de Saint-Louis, ancien mousquetaire du Roi, et de dame Marie-Jeanne Astier, ses père et mère. Le marié se dit chevalier, sᵍʳ de Marancy, La Loge, Grand-Champ, Menoton, Annay et autres lieux ; il est chevalier de Saint-Louis et capitaine commandant au régiment de Navarre. Sa mère a donné sa procuration pour le dit mariage à son beau-frère, messire Pierre-Paul du Verne, sᵍʳ d'Aglan, ancien lieutenant-colonel d'infanterie, chevalier de Saint-Louis, oncle du marié.

Monique avait été baptisée le 10 avril 1757, et elle mourut le 14 novembre 1820.

On a de Louis-Philippe du Verne :

Un acte de reconnaissance de rente fait avec sa mère et ses frères le 19 avril 1773, envers l'église d'Annay ; une donation du 3 mars 1775 faite par François du Verne, chanoine de la collégiale de Lille, à son frère Louis-Philippe, de la nue-propriété de tous les droits qui lui reviennent dans la succession de leur père, le donateur s'en réservant l'usufruit sa vie durant ; un paiement de droits fait pour les foi et hommage des fiefs de Parigny-sur-Sardolles, Menoton et Grand-Champ, le 1er mai 1775, et le 6 juillet de la même année, le dénombrement de la terre, fief et seigneurie de Marancy, au duc de Nivernais.

Le 22 mars 1786, quittance du bureau des finances, à Nevers ; quittance du bureau des finances pour Parigny-sur-Sardolles ; 1787, 29 janvier, Louis-Philippe assiste, à Annay, à l'inhumation de Pierre-Paul du Verne, son oncle, et le 23 mai de la même année il prend possession d'un moulin acheté par lui, à Beaumont-sur-Sardolles, le 17 février. — 1787, 9 juin, quittance au bureau des finances, à Nevers ; quittance pour Parigny-sur-Sardolles et autre quittance pour Bona ; puis, le 15 janvier 1788, autre quittance à Gien.

Carpentier, porte :
D'azur, à l'étoile d'or,
accompagnée de
trois croissants d'argent.

Louis-Philippe fut convoqué le 21 février 1789, à Montargis ; le 14 mars 1789, aux assemblées du clergé, de la noblesse et du tiers-état, à Nevers et à Saint-Pierre-le-Moûtier, puis à Montargis (Loiret.) Dénoncé le 13 mai 1792, par la municipalité de Bona, il se fait délivrer à Paris, le 2 juin 1792, un passe-port pour rentrer à Paris, et des certificats de résidence à Paris, à Annay et à Nevers. Le 6 mars 1795 (16 ventôse an III), la municipalité de Bona remet à l'administration du district tous les papiers du château de Marancy.

Louis-Philippe du Verne et Monique Carpentier de Changy eurent pour enfants :

14. Marie-Françoise-Désirée du Verne, née à Nevers, le 5 octobre 1792, morte le 17 février 1853, à Saint-Martin-d'Heuille, épousa, le 7 juin 1813, au dit Saint-Martin-d'Heuille, Marie-Louis de Gain, marquis de Linars, âgé de vingt et un ans, fils de François de Gain, comte d'Anval, marquis de Linars, et d'Anne de Autier de Chazeron de Villemontée.

De Gain, porte :
D'azur, à trois bandes d'or.

14. Louise-Jacinthe du Verne, née à Nevers, le 26 germinal an II (15 avril 1794), morte le 30 avril 1854, épouse, à Saint-Martin-d'Heuille, le 10 novembre 1813, Hippolyte-Antoine, comte de Moncorps, fils d'Antoine-Ambroise-Prosper, comte de Moncorps du Chesnay, et de Victorine Le Pain de Bussy.

De Moncorps, porte :
D'argent, à sept mouche-tures d'hermine de sable posés 3, 3 et 1.

Éteints.

BRANCHE DES SEIGNEURS DE LA VARENNE-EN-BAZOIS

Esme du Verne l'aîné, écuyer, seigneur de Bona en partie, et de La Varenne-en-Bazois par suite de son mariage, second fils d'Eloy du Verne et d'Anne de La Borde, sa femme, mourut avant 1644. Il fut capitaine de cent hommes d'armes du roi Louis XIII.

En 1604, le 1er août, il assista au mariage de son frère, Esme le jeune, avec Marie de Barnault, et le 25 octobre de la même année, il reçut de son père qui était veuf, et qui faisait le partage de ses biens, la part et portion qui lui en revenait.

Le 20 octobre 1606, Esme fit un bail à bordelage à Claude Millot, à Jailly, et par contrat du 7 octobre 1607, passé à Ratilly (commune de Saint-Benin-des-Bois), par devant Roi, notaire royal à Saint-Saulge, il épousa Madeleine de Pillemiers, fille de feu Nicolas de Pillemiers et de Charlotte des Paillards. Le futur est assisté de ses frères, François et Esme le jeune; la future l'est de sa mère et de nobles Adrien et Esme des Paillards, ses oncles. Présents : François de Babute, sgr de Saint-Pierre-du-Mont; Gilles de Chassy, sgr du Marais; Jean d'Escorailles, sgr de Passy; Paul d'Escorailles, sgr de Mont-en-Bazois; Hector des Paillards, sgr de Giverdy, etc., etc.

Madeleine de Pillemiers survécut jusqu'au 21 novembre 1657 à son mari, qui, le 5 janvier 1613, fit faire en sa faveur une reconnaissance de cens et de bordelage, à Giverdy, par Charles Belard. Le 21 avril 1618, il fit un bail à cens à Antoine Chenu, cordonnier à Châtillon-en-Bazois, d'héritages sis à La Varenne-en-Bazois. Le 11 novembre 1621, il reçoit quittance de Guillemette de Monfoy, veuve de Paul de Courvol, sgr de Mont-en-Bazois. Le 11 octobre 1622, il partage avec ses frères, François, représenté par Philibert des Ulmes, et

Esme le jeune, mari de Marie de Barnault, femme séparée de biens d'avec son mari. Le 16 novembre 1622, il figure, avec ses frères et belles-sœurs, dans le contrat de rente qu'ils font tous ensemble à Christophe Cochet, rente rachetée le 25 février 1651, par Antoine du Verne, s^{gr} de Jailly.

Le 1er février 1623, Esme l'aîné, demeurant à Ratilly, paroisse de Saint-Benin-des-Bois, se faisant fort pour Madeleine de Pillemiers, sa femme, et de concert avec son frère, Esme le jeune et Marie de Barnault, son épouse, fait un contrat de rente au profit d'Eustache du Lys, évêque de Nevers, et le 17 octobre 1623, il achète de Claude des Gouttes, veuve de Jacques de Charry, les droits et les héritages situés à Vuez, Marancy, Aglan et Bona qui lui appartenaient, ainsi qu'à feu son mari; il donne le dénombrement de ces acquisitions au prieur du couvent de Saint-Étienne de Nevers, le 9 mai 1624, et il se trouve dès lors devenu acquéreur du quart de Marancy, des Charry.

Le 26 juin 1626, Esme l'aîné est convoqué pour la tutelle de ses neveux dont la mère, Marie de Barnault, est morte; on le voit accenser, le 25 mai 1629, à Louis Dony, un bien sis à La Varenne, paroisse de Marré; le 8 novembre 1631, il est comme ses frères, par sentence des président, lieutenant, assesseurs, élus, contrôleurs et conseillers pour le Roi en l'élection de Nivernais, reconnu exempt de taille, comme noble et issu de noble race, et le 29 avril 1633, il fait à Guillaume Piot, une accense au lieu de Percenay et à Mont-en-Bazois.

Madeleine de Pillemiers, veuve d'Esme l'aîné, fut inhumée le 21 novembre 1657 dans l'église d'Authiou.

Esme du Verne l'aîné et Madeleine de Pillemiers eurent pour enfants:

9. **Philibert du Verne**, écuyer, s^{gr} de La Varenne-en-Bazois et de Bona en partie, est en mai 1651, sous le nom de La Varenne, second de Louis du Lys, s^{gr} de Jailly, dans le duel qu'il eut avec Adrien de Chéry, s^{gr} de Chaillant, et le 12 juillet de la même année, il fut condamné par sentence du Parlement de Paris, à payer aux religieux de l'abbaye de Saint-Étienne de Nevers, divers arrérages à eux dus. Il était au service du Roi.

9. **Jean du Verne l'aîné**, écuyer, s^{gr} de Bona, mort au service du Roi, était sous-brigadier des mousquetaires de Sa Majesté. On a de lui des congés, signés à Guenesse et au camp de Saint-Maurice, les 28 juillet 1628

et 29 juillet 1630, par le vicomte de Langeron, mestre de camp du régiment de Nivernais. Le 3 novembre 1653, il présente, avec les sieurs de Lichy, une requête à Mgr l'évêque de Nevers contre la réunion des paroisses de Vuez et de Bona.

9. Claude du Verne épousa Louis de Champrobert, s^{gr} des Fossés, paroisse de Champlemy, et de Bussières, qui était veuf, avant 1650, de Françoise de Scorailles.

Claude du Verne était marraine, le 4 août 1646, de Paul de Lichy, fils d'Eustache de Lichy et d'Anne du Verne, sa sœur; on la voit encore marraine, le 1er mai 1647, de Laurent du Verne, fils d'Antoine du Verne, s^{gr} de Jailly, et de Françoise du Lys. On trouve contre elle, dans l'année 1671, une sentence dans laquelle elle est dite dame du Mont et veuve de Louis de Champrobert, dont elle avait un fils, Pierre de Champrobert, pour la tutelle duquel on convoque, en 1678, divers parents, dont Léonard du Verne, s^{gr} de La Varenne, cousin germain du mineur.

9. Gilles du Verne qui suit.

De Lichy, porte : D'azur, à la bande d'argent, accostée de 3 losanges d'or, 2 en chef et 1 en pointe.

9. Anne du Verne, née en 1619, inhumée le 21 novembre 1691, à Rémilly, avait épousé, suivant contrat du 23 août 1637, Eustache de Lichy, s^{gr} de Baux (Bost), dont elle eut douze enfants. En 1642, le 23 octobre, à Vesvres (commune de Rouy), son mari se portant fort pour elle, constitue une rente à Léonard d'Armes, et le 7 novembre 1644, on le voit avec sa femme, assister au contrat de mariage de Jean du Verne, s^{gr} de Marancy, avec Esmée Maréchal.

De Charry, porte : D'azur, à la croix ancrée d'argent.

9. Jeanne du Verne épousa, suivant contrat du 22 novembre 1648, passé à Chetiffour, par devant Etienne Regnault, notaire royal, demeurant à Azy, François de Charry, s^{gr} de Giverdy, fils de feu François de Charry et de Jeanne de Mathieu, sa veuve, représentée par Robert de Mathieu, fondé de son pouvoir. Esme du Verne, père de la future, est mort. Madeleine de Pillemiers assiste au mariage de sa fille, où paraissent entre autres, Antoine du Verne, s^{gr} de La Varenne (paroisse de Saxy-Bourdon), de La Roche (paroisse de Prémery), et de La Ronde (paroisse de Montenoison), cousin germain de

7

la future, et Jean du Verne, s^gr de La Varenne-les-Châtillon, frère de ladite future; François de Charry fut un des seconds d'Adrien de Chéry, dans le duel qu'il eut avec Louis du Lys, en mai 1651. Il était mort, ainsi que sa femme, en 1678, car le 10 mars on nomme pour tuteur de leurs enfants mineurs, Paul de Charry, s^gr de Giverdy, et pour curateur, Laurent du Verne, s^gr de Jailly.

9. Marguerite du Verne épouse, suivant contrat du 12 août 1646, passé à Chetiffour, par devant Dugué, notaire royal à Saint-Benin-des-Bois, Antoine de Druy, s^gr de Montplaisir, fils de Claude de Druy, s^gr d'Avril-les-Loups, et de Pierrette Jacob, dame d'Ougny, d'où entre autres enfants, Madeleine de Druy, femme de François d'Estutt. Marguerite est encore connue par l'acte du 31 mars 1648, quittance donné par son mari à Gilles du Verne, son frère, et par l'acte du 30 octobre 1677, où son mari, qui est veuf d'elle et tuteur de leurs enfants, plaide contre Edme Lorieux.

De Druy, porte :
De gueules, à la fasce d'argent, accompagnée de 3 canettes du même.

9. Jean du Verne le jeune, écuyer, baptisé le 12 septembre 1635, à Saint-Benin-des-Bois, est mentionné dans la maintenue du 19 juillet 1667 et dans l'arrêt du Conseil d'Etat du 13 mai 1671, comme ayant trente-deux ans et comme frère de Gilles. Il épousa Jeanne de Lichy et en eut un fils, Pierre du Verne, écuyer, garde du corps du Roi pendant seize ans, mis en congé de réforme le 28 juillet, réformé le 7 août 1732 et placé aux Invalides par suite de ses infirmités. Ce Pierre du Verne, de la branche de La Varenne-en-Bazois, était s^gr de Percennet (paroisse de Marré-en-Bazois), et habitait Jailly; il eut des difficultés de chasse avec Louis du Verne, s^gr de Jailly, son parent, dans l'année 1728 entre autre, où il chassait avec les sieurs de Lichy. (Voir le procès de cette époque.)

De Lichy, porte :
D'azur, à la bande d'argent, accostée de 3 losanges d'or, 2 en chef et 1 en pointe.

IX

Gilles du Verne, écuyer, s^gr de Bona, d'Aglan, d'Authiou, de Sophin et de La Varenne-en-Bazois, troisième fils d'Esme du Verne l'aîné et de Madeleine de Pillemiers, naquit vers 1617 et mourut avant 1678. Il servit le Roi en même temps que ses cousins germains et ses frères. On les voit, en effet, lors de la maintenue du 13 mai 1671, produire tous ensemble 33 certificats de services.

Suivant contrat du 5 juin 1644, passé à Asnus, paroisse de Fouronne (Yonne), par devant Poupin, notaire à Mailly-le-Chasteau, Gilles du Verne épousa Anne de Saint-Quentin, fille d'Olivier de Saint-Quentin, s^{gr} d'Asnus et de Fouronne, et de Charlotte de Rabutin; il est autorisé de sa mère qui a donné sa procuration à Gilles des Ulmes, s^{gr} de Trougny et de la Boube; la future est autorisée par son père et assistée de René de Rabutin, son oncle, s^{gr} de Savigny et d'Essard; de Louis de Meun, dit de La Ferté, son beau-frère, s^{gr} de Villiers-le-Secq, et de Charlotte de Saint-Quentin, sa sœur, femme du dit de Villiers. Gilles est accompagné de François du Verne, s^{gr} de Marancy; d'Antoine du Verne, s^{gr} de La Roche; de Jean du Verne, s^{gr} du dit lieu; d'Alexandre de Chassy, s^{gr} du Marais et de Game; d'Eustache de Charry, s^{gr} de La Bretonnière, etc., etc.

En 1644, 7 novembre, Gilles assiste au contrat de mariage de Jean du Verne, s^{gr} de Marancy, son cousin, et le 22 novembre 1648, au contrat de mariage de sa sœur, Jeanne du Verne, avec François de Charry. Les 29 avril et 7 septembre 1646, il est mentionné dans l'arrêt du Grand Conseil, dans la cause de Louis de Rabutin, s^{gr} de Savigny, avec son beau-frère, Louis de Meun, dit de La Ferté, pour règlement de juges et jugement à Auxerre. Le 31 mars 1648, il obtient quittance d'Antoine de Druy, pour le paiement de la dot de Marguerite du Verne, sa femme, sœur du dit Gilles. Le 24 mai 1648, il partage des terres à Bona, achetées avec sa tante, Esmée de Druy, veuve de François du Verne. Le 17 février 1650 et en 1662, il fait faire diverses reconnaissances en sa faveur à Bona, Lichy, Aglan, Saint-Firmin, etc. En 1657, il est condamné pour l'affaire Chaufournier au présidial de Saint-Pierre-le-Moûtier. Le 24 janvier 1657, il est compris devant le même présidial dans l'affaire Savary Maréchal, contre Antoine de Druy, et toujours à ce présidial, les 30 mars et 23 juin 1658, il est condamné à payer au curé de Bona diverses redevances qu'il lui doit, et le 5 août 1659, ses bestiaux sont saisis à la requête de Louis de Champrobert, mari de sa sœur, Claude du Verne.

Gilles fait, le 6 septembre 1663, un accord avec Louis de Meun, dit de La Ferté, mari de la sœur de sa femme, en présence de Jean du Verne, s^{gr} de Marancy, et il est compris dans le jugement en maintenue de noblesse du 19 juillet 1667, le concernant, ainsi que tous ses cousins; il est âgé à cette date de cinquante ans et demeure en la paroisse d'Authiou; il a pour frère Jean et un autre Jean, dont l'un est mort au service du Roi, l'autre à présent sous-brigadier des mousquetaires de Sa Majesté est âgé de trente-deux ans. Gilles a pour femme damoiselle Anne de Saint-Quentin, de laquelle il a Léonard,

Paul, Laurent et Edme, dont l'aîné n'a que quatorze ans. Le 12 mars 1669, le dit Gilles reçoit quittance de Philibert Brisson, qu'il avait remboursé par les mains de Jean-François Marchand, adjudicataire à ce moment des revenus du fief d'Aglan, saisi sur le dit Gilles, par Jean du Verne, s^{gr} de Marancy.

Le 13 mai 1669, Gilles obtient sentence contre la duchesse de Savoie, tant au nom de sa femme, Anne de Saint-Quentin, qu'au nom de sa belle-sœur, Charlotte de Saint-Quentin, pour argent prêté par Olivier de Saint-Quentin, leur père, au duc de Nemours, le 18 février 1631. Il est mentionné dans l'arrêt du Conseil d'Etat du 13 mai 1671, signé Foucault, comme étant issu de noble race; le 3 juillet 1673, il vend la terre et seigneurie d'Aglan et la partie de Marancy appartenant jadis aux Charry, enfin tout ce qu'il avait à Bona, à Jean du Verne, s^{gr} de Marancy, son cousin.

Le 25 septembre 1674, il fait faire l'inventaire des biens laissés par défunt René de Rabutin, s^{gr} de Savigny, et il renonce à la succession, conjointement avec Louis de Meun, son beau-frère, agissant l'un et l'autre au nom de leurs femmes, nièces du défunt.

Le 10 janvier 1676, Gilles voit prononcer contre lui la séparation de biens avec sa femme, et le 6 juin 1676, il fait donation de ses biens à ses enfants, Léonard et Paul, lieutenant et sous-lieutenant au régiment de Navarre. Gilles dut mourir après et vers cette époque, car le 10 mars 1678, il n'est pas convoqué pour la tutelle des enfants mineurs de feu François de Charry et de feue Jeanne du Verne, sa femme, et le 22 juillet de cette même année, par sentence du bailliage de Nevers, la consignation du prix de vente de ses biens vendus par décret est ordonné. Anne de Saint-Quentin survécut à son mari; le 19 décembre 1681, on la voit faire un emprunt avec ses enfants à messire Jean Guynet.

Gilles du Verne et Anne de Saint-Quentin eurent pour enfants:

10. Charlotte du Verne, connue par l'acte du 19 juillet 1670, baptême de la grosse cloche d'Authiou, dont elle est marraine; par l'acte du 19 décembre 1681, emprunt fait à messire Jean Guynet, où elle figure; par l'acte du 15 octobre 1684, baptême à Montapas de Jacques de Laduz, et par le bail à ferme du 30 mai 1703.

10. Léonard du Verne qui suit.

10. Paul du Verne de La Varenne, écuyer, s^{gr} d'Aglan, capitaine au régiment de Navarre, inhumé le 26 juin 1688, dans l'église de Neuville-sous-Brinon; reçoit le 6 juin 1676, une donation de son père avec son frère Léonard; il est mentionné dans l'emprunt du 19 décembre 1681, fait à messire Jean Guynet, par son frère, son tuteur, et le 22 décembre 1685, il

fait donation de ses biens à sa femme, Gabrielle de Girard, qu'il avait épousée le 22 octobre 1685, à Neuville-sous-Brinon. Gabrielle de Girard était fille de Paul de Girard, écuyer, et de Catherine de La Bussière; elle paraît comme veuve dans le bail à ferme du 30 mai 1703 avec ses belles-sœurs et Léonard du Verne. De ce mariage naquirent : 1° Charlotte du Verne, baptisée le 19 août 1686, que l'on voit dans un acte du 30 mai 1703 sous la tutelle de sa mère, alors veuve, et qui, le 10 septembre 1711, épouse à Prémery, Léonard

Berger, fils de Jean Berger, praticien, et de Marie Aubertin; 2° N....., fille inhumée le 11 novembre 1688, morte de suite après sa naissance.

10. Eustache-Laurent du Verne, auteur du rameau de la branche de La Varenne, suivra à son article, dit « rameau des seigneurs des Reguins et de Réveillon. »

10. Anne *alias* Aimée du Verne, baptisée à Authiou, le 26 juillet 1663, née le 30 juin; parrain, Eustache de Charry, chevalier, s^{gr} de La Bretonnière; marraine, Marie de Bussy. Inhumée le 2 décembre 1738,

à l'âge de soixante-quinze ans environ; épouse Jean Carpentier, s^{gr} de Machy. Elle est mentionnée dans l'emprunt du 19 décembre 1681, et dans le bail à ferme du 30 mai 1703; le 16 mars 1716, elle fait un partage avec son frère, Eustache-Laurent, et le 26 avril 1736, elle fait une donation au château de Prunevaux (paroisse de Nolay), à sa nièce, Anne du Verne de La Varenne, femme de Bernard Commeau du Chassenet, fille de Léonard du Verne et d'Anne de Juissard.

10. Edme du Verne, écuyer, baptisé le 12 juillet 1665, à Authiou; parrain, Edme de Chassy, s^{gr} d'Oi; marraine, Jeanne de Bussy. Est mentionné dans l'emprunt Guynet du 19 décembre 1681, et assiste le 6 octobre 1682, au contrat de mariage de son frère, Léonard, avec Jeanne de Juissard.

X

Léonard du Verne, écuyer, s^{gr} de La Varenne-en-Bazois, y demeurant, paroisse de Mont-et-Marré, fils aîné de Gilles du Verne et d'Anne de Saint-Quentin, né le 3 juillet 1653, ondoyé le jour de sa naissance par Jean Loget, curé de Bona, fut baptisé le 11 septembre 1670 en l'église d'Authiou. Il est nommé dans la maintenue de noblesse du 19 juillet 1667 et dans l'arrêt du Conseil d'Etat du 13 mai 1671. Il survécut à sa femme et il fut inhumé dans l'église de Jailly, le 12 janvier 1729, à l'âge de soixante-dix ans environ. Entré au service, Léonard était capitaine de cinquante hommes de pied dans la milice du Bourbonnais, d'après sa nomination du 1er janvier 1689; en 1697, il est major dans la dite milice. Son père, le 6 juin 1676, lui fait, ainsi qu'à son frère, Paul, donation de ses biens.

En 1678, Léonard est convoqué pour les lettres de bénéfice d'âge de Louis de Champrobert, son cousin; le 22 juillet de cette même année, il est mentionné dans la sentence du bailliage qui ordonne la consignation du prix de vente des biens de son père. Le 6 septembre 1681, il se rend adjudicataire de la terre de La Varenne-en-Bazois, et le 19 décembre, même année, il fait de concert avec sa mère, et pour ses frères et sœurs dont il est tuteur, un emprunt à Jean Guynet.

Suivant contrat du 6 octobre 1682, passé au château de Challement, par devant Millet, notaire, Léonard épouse Jeanne de Juissard, fille de feu François de Juissard du Plotot et de Renée de Meun, dit de La Ferté, il est autorisé de sa mère par procuration donnée à Antoine de Druy. Léonard retire, le 5 décembre 1682, par retrait lignager, des biens vendus sur son père, à Jailly; le 30 juin 1683, il y fait reconnaître des directes du domaine Certeau, et en 1684, des héritages aux Varigaux. En 1697, il paie ses droits d'armoiries qui sont: d'argent, à trois fasces de sable; le 17 mai 1700, il est témoin d'une acquisition faite à Jailly, par Eustache du Verne, veuf de Catherine Andras, et le 13 juillet 1700, il fait hommage pour héritages à Jailly, au nom d'Eustache-Laurent, son frère, à Louise de Bongars, veuve de Laurent du Verne, s^{gr} de Jailly; le 10 avril 1702, il est condamné avec sa femme, dans un procès intenté par eux aux neveux d'Eustache du Verne, veuf de Catherine Andras, s^{gr} de Jailly, dont les dits neveux étaient héritiers.

Les 30 mai 1703 et 26 juillet 1704, Léonard afferme la terre de La Varenne-en-Bazois, tant en son nom qu'au nom de Jeanne de Juissard, sa femme, d'Anne et de Charlotte du Verne, ses sœurs, et de Gabrielle de Girard, restée veuve de son frère, Paul du Verne, avec une fille, Charlotte, dont elle est tutrice; le 1er juin 1707, il est tuteur des enfants mineurs de François de Meun, dit de La Ferté, et de dame Michelle de Charry; le 1er août 1712, il donne le dénombrement du fief de Poincy dont il est retrayant lignager; le 16 mars 1716, il plaide en partage avec son frère, Eustache-Laurent, et sa sœur, Anne du Verne, femme de Jean Carpentier; le 18 juillet 1720, il fait avec sa femme le partage de leurs biens à leurs cinq enfants (le sixième était mort en 1692); en 1721, il est parmi les parents déclarants pour la tutelle des enfants mineurs d'Eustache de Lichy, et le 16 avril 1728, il marie sa fille, Marie, avec François d'Estutt, veuf de Madeleine de Druy. Par cet acte, on voit que Jeanne de Juissard n'existe plus. Léonard fut inhumé dans l'église de Jailly, le 12 janvier 1729.

Léonard du Verne et Jeanne de Juissard eurent pour enfants:

11. Françoise du Verne, inhumée le 5 mai 1692 dans l'église de Jailly.

D'Estutt, porte :
Aux 1 et 4, d'or, à 3 pals de sable, et aux 2 et 3, d'or, au cœur de gueules.

11. Marie du Verne, que l'on voit marraine à Bona, le 24 décembre 1697, de François-Marc Charlet. Cette Marie est nommée dans le partage du 18 juillet 1720, fait par ses père et mère; elle épouse, à Grenois, le 16 avril 1728, François d'Estutt, comme il est dit ci-dessus; le 22 juillet 1729, elle reconnait avec son mari des droits d'usage dans les bois de Giverdy, tant en son nom qu'au nom de François et d'Anne du Verne, ses frère et sœur, et le 12 avril 1737, elle fait avec son mari une donation entre vifs au dernier survivant d'eux, avec Anne du Verne, sa sœur, femme de Bernard Commeau du Chassenet, et Eustache du Verne, son frère, capitaine au régiment de Beaujolais, en garnison à Cambrai.

11. Anne du Verne, née en 1690, fut inhumée le 9 septembre 1782, à Saint-Saulge. Elle est mentionnée dans le partage du 18 juillet 1720; dans la reconnaissance du 22 juillet 1729, et épouse, à Jailly, le 28 septembre 1735, Antoine-Bernard Commeau du Chassenet, fils de feu Jean-Claude Commeau, s^{gr} de Charry, Précy et La Bretonnière, et de Madeleine Cochet.

Anne et son mari reçurent, par donation faite le 12 avril 1737, la nue-propriété de la fortune de leur tante, Anne du Verne, femme de Jean Carpentier, s^{gr} de Machy, habitant Prunevaux, tante de la dite Anne. Le 3 septembre 1750, Bernard Commeau du Chassenet fut inhumé; sa femme avait fait, le 29 octobre 1749, une constitution de rente au profit de Gabrielle de Charry.

11. François du Verne qui suit.

11. Eustache du Verne de La Varenne, écuyer, capitaine au régiment de Beaujolais, mentionné dans le partage du 18 juillet 1720, et dans la donation du 12 avril 1737. Fut tué le 15 juillet 1747, au col de l'Assiette, bataille d'Exiles.

11. Antoine-Eustache du Verne, écuyer, mentionné dans le partage du 18 juillet 1720, avec ses frères et sœurs, fut inhumé dans l'église de Jailly, le 16 décembre 1726, âgé de trente ans.

<h1 style="text-align:center">XI</h1>

François du Verne, écuyer, s^{gr} de La Varenne-en-Bazois, fils aîné de Léonard du Verne et de Jeanne de Juissard, baptisé à Jailly le 31 décembre 1692; parrain, François du Verne, s^{gr} de Giverdy; marraine, Anne de Lavenne. Fut inhumé dans l'église de Jailly, le 16 novembre 1782; il était âgé de quatre-vingt-huit ans environ.

Le 18 juillet 1720, il est mentionné dans le partage que font ses parents et dans la reconnaissance du 22 juillet 1729, pour droits d'usage à divers. Il servit de 1711 à 1760, et ses états de service, fournis par le ministère de la guerre, portent: Duverne, sieur de La Varenne (François), fils de Léonard du Verne, écuyer, sieur de La Varenne, et de Jeanne de Juissard, né le 29 novembre 1692, à Jailly (Nivernais). Volontaire au régiment d'infanterie de Beaujolais le 1er mars 1711; enseigne le 5 juillet 1712; lieutenant le

17 juillet 1714; lieutenant en second de grenadiers le 21 mars 1721; a quitté en 1732. Capitaine au bataillon de milice de Moulins le 1er janvier 1734, il est capitaine de grenadiers-postiches le 25 février 1750, puis a repris une compagnie de fusiliers le 9 mars 1757; retraité par décision du 22 novembre 1760. Mort le 15 novembre 1782. Blessures: blessé d'un éclat de bombe au siège de Landau en 1713, et d'un coup de feu à la jambe au siège de Fontarabie. Décoration: chevalier de Saint-Louis le 13 avril 1754. A eu son frère tué, capitaine de grenadiers, à l'affaire de l'Assiette.

De Bourgoing, porte : D'azur, à la croix ancrée d'or.

Suivant contrat du 25 février 1732, passé à Saint-Aubin-les-Forges, par devant Martin, notaire, résidant à Beaumont-la-Ferrière, François, âgé de trente-sept ans, et usant de ses droits, épousa Claude-Antoinette de Bourgoing, fille de feu Claude-Antoine de Bourgoing, sgr de la Douhée, et de Françoise d'Amon, sa veuve, demeurant au dit Saint-Aubin. Le mariage se fit à l'église de cette paroisse le 26 février 1732; Antoinette y avait été baptisée le 9 mai 1706. Elle fut inhumée à Jailly, étant veuve, le 12 septembre 1787, âgée de quatre-vingt ans.

On a de François et de Claude-Antoinette, sa femme :

Une sentence du bailliage du Nivernais du 13 juillet 1734, annulant la vente du 29 septembre 1733, à eux faite par le sieur de Lavenne des Perriers et dame Louise-Catherine de La Rivière, sa femme.

Des baux du 28 mai 1736 et du 7 juillet 1739, de biens sis à Jailly; une acquisition de vigne, du 16 décembre 1739; des reconnaissances de directes des 14 et 25 août 1740; une attestation du 3 octobre 1746, pour établir l'âge de leur fille Anne, âgée de neuf ans, née le 7 octobre 1737, pour la faire admettre à Saint-Cyr.

Une reconnaissance de billet de M. de Damas, du 5 novembre 1759; les contrats de mariage de leurs filles, des années 1764 et 1767; enfin des reconnaissances de directes de 1775, par des habitants de Varigaux.

Le 16 février 1740, François du Verne assistait à l'inhumation de sa belle-mère, Françoise d'Amon.

8

François du Verne et Claude-Antoine de Bourgoing eurent pour enfants :

12. Françoise du Verne, baptisée à Saint-Saulge, le 11 mai 1733, née le même jour; parrain, Joseph du Verne, s⁶ʳ de Marancy; marraine, Françoise d'Amon, son ayeule; inhumée dans l'église de Jailly, le 23 août 1733, à l'âge de deux mois.

12. Marie-Françoise du Verne, baptisée à Saint-Saulge, le 18 avril 1734; parrain, François de Bourgoing, s⁶ʳ de Charly; marraine, Marie du Verne, tante de l'enfant. Morte à Nevers, le 9 avril 1815; avait épousé, suivant contrat du 25 novembre 1764, passé à Saint-Saulge, par devant Bault et Galle, notaires, résidants en la dite ville, Guillaume-Antoine du Broc, s⁶ʳ de Chabet, fils de messire François du Broc, s⁶ʳ de Seganges, Chabet et autres lieux, demeurant au château de Seganges, paroisse d'Avesme (Allier), porteur de l'autorisation de dame Catherine de Bianqui, son épouse; la future est autorisée de son père, autorisé lui-même de sa femme, demeurant à Jailly. Anne du Verne, veuve de Bernard Commeau du Chassenet, sa tante, lui donne le domaine de La Varenne et les bestiaux et déblures du domaine de Percenet, situés commune de Marré-en-Bazois, ainsi que ses meubles de la maison de Saint-Saulge et les sommes qui lui seront dues le jour de son décès. Sont présents au contrat : Thomas du Verne, s⁶ʳ de Jailly, cousin de la future; Anne du Verne, sœur de la future; Marie Méchine, femme de Thomas du Verne; Paul de Charry, s⁶ʳ de Fourvieil; Paul du Verne, s⁶ʳ de Jailly; Edme de La Bussière; Jean-Claude du Verne de La Varenne, etc., etc.

Du Broc, porte :
De gueules à 2 lions d'or,
couronnés du même;
au chef cousu d'azur,
chargée d'une rose d'or,
accostée de 2 molettes
d'éperon du même.

Marie-Françoise du Verne est mentionnée comme veuve dans l'acte de notoriété du 1ᵉʳ septembre 1795, publié à Nevers, pour la recherche des héritiers de feu Claude-Barthélemy du Verne, maréchal des camps et armées du Roi, exécuté à Paris, le 15 mars 1794, sur l'échafaud révolutionnaire. Elle est parmi les dits héritiers qui, le 19 décembre 1795, plaident contre Thibault Lesguillon. Le jugement de ce procès, du 21 mai 1796; la requête qui le suit, du 9 juin 1796; la délibération de l'administration municipale de Nevers de la même année; le sous-seing privé du 21 octobre 1796, et l'acte de partage de la dite succession du 7 février 1798, la concernent.

12. Anne-Philippine du Verne, connue comme marraine, le 5 mai 1762, à Jailly, de Françoise-Anne du Verne, fille de Paul du Verne de Jailly, et de Marie-Thérèse Méchine, sa femme. Morte jeune.

12. Anne du Verne, baptisée à Jailly le 7 octobre 1737; parrain, Philippe de Bourgoing; marraine, Anne du Verne de Chassenet. Morte le 9 juin 1800, à Saint-Saulge, avait fait son testament le 25 avril 1788; elle fut reçue à la maison royale de Saint-Cyr par brevet du Roi signé le 25 octobre 1746; elle assista au contrat de mariage de sa sœur, du 25 novembre 1764, et elle acheta, le 26 novembre 1765, différents héritages sis à Jailly, de Jean Moreau de Montalin, héritier de son ayeule, Louise du Verne.

Le 23 juillet 1766, la dite Anne fut en procès avec son parent, Paul du Verne de Jailly, mari de Marie-Thérèse Méchine, et enfin, suivant contrat du 21 novembre 1767, passé à Jailly, par devant Galle et Bault, notaires à Saint-Saulge, elle épouse Philippe de Veilhan, sᵍʳ de Chappes, ancien capitaine d'infanterie, fils majeur de défunts Philippe de Veilhan, sᵍʳ de la Chaynoise, et de Marguerite-Thérèse du Verne de Presle, sa femme; le futur est autorisé de son oncle, messire Laurent du Verne, sᵍʳ de Giverdy, y demeurant; la future est autorisée de ses père et mère présents. Le mariage se fit le 24 novembre, dans l'église de Jailly; y assistèrent entre autres: messire Pierre de Thoury, Henriette du Verne de Presle et Louise de Bourgoing.

Anne du Verne et son mari sont mentionnés, comme Marie-Françoise du Verne, veuve de Guillaume du Broc, dans les actes faits pour recueillir la succession de leur oncle, Claude-Barthélemy du Verne, sᵍʳ de Réveillon, maréchal des camps et armées du Roi, exécuté révolutionnairement à Paris, le 15 mars 1794. Actes des 19 décembre 1795; 21 mai et 9 juin 1796, et du 21 octobre de la même année.

De Veilhan, porte :
D'azur, au ray d'escarboucle, pommeté et fleurdelysé d'or de 8 pièces.

12. Michelle-Eustache, baptisée à Jailly le 24 août 1739; parrain, Eustache du Verne, capitaine au régiment de Beaujolais; marraine, dame Michelle de Damas. Morte jeune.

12. Louis-Etienne-François du Verne, baptisé à Saint-Martin-de-Flageolle, le 1ᵉʳ mars 1741; parrain, Etienne-François de Damas; marraine, Suzanne-Augustine de Damas. Inhumé à Saint-Arigle de Nevers, le 20 août 1755, âgé de quatorze ans.

Branche de La Varenne éteinte.

Rameau de la branche de La Varenne-en-Bazois, dit des seigneurs des Reguins et de Réveillon.

X

Eustache-Laurent du Verne de La Varenne, écuyer, s^{gr} des Reguins par son mariage, troisième fils de Gilles du Verne et d'Anne de Saint-Quentin, né le 17 novembre 1660, baptisé à Authiou le 26 juillet 1663; parrain, Jean du Verne; marraine, haute et puissante dame Disynieux. Fut sous-brigadier des gardes du corps du Roi et chevalier de Saint-Louis; il fut inhumé à Châteauneuf-val-de-Bargis, le 3 juillet 1740, mort la veille. Dans cet acte, on le dit veuf en troisièmes noces de Marie d'Amon, et on l'inhume en présence de ses trois fils: Louis-Annet, Jean-Claude et Claude-Barthélemy du Verne. De ces trois femmes, deux seules sont connues. (Le mot troisième de l'acte de décès serait-il une erreur?)

De Farou, porte :
De sable, à une fasce d'or, chargé d'un rocher de sable.
(M. de Villenaut dit : D'azur, à 3 têtes de lions arrachées, d'or.)

D'Amon, porte :
D'azur, à 1 chevron d'or, accompagné en chef de 3 croissants d'argent, posés 1 et 2, et en pointe d'un aigle d'or, le vol abaissé.

Eustache-Laurent, à l'âge de vingt-huit ans, avait épousé, en 1688, 18 août, à Châteauneuf-val-de-Bargis, une femme de soixante-neuf ans, Anne de Farou, fille de François de Farou, s^{gr} des Reguins et de Beauregard, et de Marie Després. Cette femme mourut le 18 octobre 1699, âgée de quatre-vingt ans, et c'est le 12 novembre 1715, que l'on voit Eustache-Laurent épouser, à l'église de Saint-Aubin-les-Forges, Marie d'Amon, fille de feu Antoine d'Amon, s^{gr} du dit Saint-Aubin et de Chavanes, et d'Olympe Solidie, sa femme; le contrat fut passé le jour même du mariage, au château de la Douée, par devant Jolline et Lasne, notaires royaux, demeurant à Moulins et à Nevers; la future a trente ans, et elle est assistée d'Antoine de Bourgoing, s^{gr} de la Duée, et de Françoise d'Amon, sa femme, ses beau-frère et sœur, etc.

Eustache-Laurent est nommé dans le jugement en maintenue de noblesse du 19 juillet 1667, et dans l'arrêt du Conseil d'Etat du 13 mai 1671; il est aussi nommé dans l'emprunt Guynet du 19 décembre 1681, avec ses frères et sœurs, et en 1689, on le voit convoqué dans l'arrière-ban, avec un valet et deux chevaux.

Le 18 janvier 1690, avec Anne de Farou, sa première femme, il est appelant au bailliage de Saint-Pierre-le-Moûtier; le 2 mars 1701, dans la donation à lui faite par Laurent de Chéry, on voit qu'il est veuf d'Anne de Farou, garde du corps du Roi, s^{gr} de Bona et de La Varenne; le 12 mars 1713, il transige avec les héritiers de sa femme au sujet du testament de sa dite femme, du 7 décembre 1697, fait en sa faveur; le 16 mars 1716, il fait une demande en partage à Léonard du Verne, son frère, conjointement avec Anne, sa sœur, femme de Jean Carpentier. Léonard refuse d'assister au partage et réserve ses droits; mais il donne, le 11 juin 1718, sa procuration à Eustache-Laurent, que l'on voit le 1er juillet 1718, faire un sous-seing privé avec Gabriel de Morogues, auquel il vend, le 29 mai 1719, des biens sis à Bonneterie.

Eustache-Laurent habitait Châteauneuf-val-de-Bargis; le 10 janvier 1723 il y vendit des bois, et il y mourut le 2 juillet 1740.

Eustache-Laurent du Verne et Marie d'Amon eurent pour enfants:

11. Jeanne-Françoise du Verne, baptisée à Saint-Aubin-les-Forges le 19 octobre 1716; parrain, Jean-François de Bourgoing; marraine, Françoise d'Amon. Jeanne-Françoise épouse, à seize ans, un vigneron de Saint-Saulge, Léonard Aubry, qui était veuf, dont elle eut un fils que l'on baptisa à Saint-Saulge le 3 février 1732; parrain, Esme de La Bussière; marraine, Marie-Anne de Courvol, remplacés par leurs père et mère.

11. Louis-Eustache du Verne, écuyer, baptisé à Châteauneuf-val-de-Bargis le 22 avril 1718; parrain, Eustache de Chéry, chevalier, s^{gr} de La Cave, prêtre-trésorier de la cathédrale de Nevers; marraine, Louise de La Grange, marquise de Béthune. Mort jeune.

11. Louis-Annet du Verne, écuyer, dont on ignore la date de naissance, est parrain en 1737, et le 3 juillet 1740 il assiste à l'inhumation de son père avec ses frères, Jean-Claude et Claude-Barthélemy.

11. Madeleine du Verne et Jean-Claude du Verne, écuyer, son frère jumeau, furent baptisés à Châteauneuf-val-de-Bargis le 12 janvier 1725; parrain de la fille, Louis Poubeau; marraine, Madeleine Tridon; parrain du fils, Jean Tridon; marraine, Cécile Dupont. Madeleine dut mourir jeune.

Jean-Claude, son frère qui, le 3 juillet 1740, assiste à l'inhumation de son père avec ses deux frères, Louis-Annet du Verne ci-dessus et Claude-Barthélemy du Verne ci-dessous, devint capitaine au régiment de Navarre, et ses états de services délivrés par le ministère de la guerre sont : La Varenne, gentilhomme de Nivernais, lieutenant en second au régiment d'infanterie de Navarre le 22 juillet 1742; lieutenant le 8 janvier 1743; capitaine le 30 juillet 1747; capitaine en second à la réforme de 1748, a abandonné en 1751.

C'est dans cette année 1751, le 20 mars, que Jean-Claude, demeurant à Châteauneuf-val-de-Bargis, épousa, à l'âge de vingt-sept ans, suivant contrat passé à Cuncy-les-Varzy, par devant Barbery et Leclerc, notaires royaux à Varzy, et à l'église du dit Cuncy, Marie Monnot, âgée de cinquante et un ans environ, veuve en premières noces de messire Henry d'Estutt, chevalier, demeurant à Villiers-le-Sec, paroisse de Cuncy-les-Varzy, et fille de François Monnot, s^{gr} de Mannay, et de Claude Hotman, et sœur de Louis Monnot, mari de Marie-Anne de La Duz. Marie Monnot fut inhumée dans la chapelle de Villiers-le-Sec, le 7 janvier 1769, âgée de soixante-douze ans.

En 1763, 8 décembre, Jean-Claude et sa femme cédèrent cent livres tournois de rente à Claude-Barthélemy du Verne, leur frère et beau-frère, et ils vendirent, le 28 novembre 1767, à Joseph-Nicolas de Cambis, divers droits situés justice de Saint-Pierre-du-Mont. Le 25 novembre 1764, Jean-Claude assiste au contrat de mariage de Guillaume du Broc avec Françoise du Verne; le 22 septembre 1750, il est parrain de Jean-Claude Machefert; le 7 mai 1771, Jean-Claude fait une reconnaissance à son frère, Claude-Barthélemy du Verne. Jean-Claude mourut en mai 1793, son frère en hérita.

11. Claude-Barthélemy du Verne, écuyer, né à Châteauneuf-val-de-Bargis le 24 avril 1727, baptisé le 25; parrain, Barthélemy d'Estutt, chevalier, s^{gr} de Tallon et des Pierraux; marraine, Claude de Bourgoing. Le 3 juillet 1740, il assistait à l'inhumation de son père avec ses deux frères, Louis-Annet du Verne et Jean-Claude du Verne; il était chevalier de Saint-Louis, maréchal des camps et armées du Roi, s^{gr} de Villiers-le-Sec en partie, baron de Réveillon, maire perpétuel d'Entrains, et s^{gr} en partie de La Varenne-en-Bazois. Il périt sur l'échafaud révolutionnaire le 25 ventôse an II (15 mars 1794.)

Ses états de services délivrés par le ministère de la guerre sont : Duverne (Claude-Barthélemy), fils d'Eustache-Laurent du Verne, chevalier, s^{gr} de La

Varenne, et de Marie d'Amon, né le 23 avril 1727 à Châteauneuf-val-de-Bargis (en Nivernais.) Volontaire au régiment de Beaujolais le 8 avril 1743; enseigne le 6 avril 1744; lieutenant le 30 mars 1745; réformé le 26 mars 1749; lieutenant le 11 juin 1752; capitaine le 1ᵉʳ septembre 1755; aide-major le 24 avril 1758; major le 28 avril 1763; rang de lieutenant-colonel le 22 juin 1767; lieutenant-colonel le 8 avril 1779; brigadier le 1ᵉʳ mars 1780; maréchal de camp le 1ᵉʳ janvier 1784. Figure sur les états de 1792 (sans renseignements ultérieurs.) Campagnes: de 1743 à 1748, Flandres; de 1757 à 1763, Allemagne. Blessures: a reçu cinq blessures, à Rheinvillers, 1743; à l'Assiette, 1747, le 23 juin 1758, et à Munster, 1759. Décoration : chevalier de Saint-Louis le 31 octobre 1758.

Le 14 janvier 1776, Claude-Barthélemy avait, suivant contrat passé devant Mᵉ Laplace, notaire à Issy-l'Evêque, et le 15, dans l'église de Marly-sous-Issy, épousé Alphonsine-Pierrette Commeau de Pont-de-Veaux, fille mineure de Melchior Commeau, chevalier, marquis de Pont-de-Veaux, sᵍʳ de Marly et autres lieux, et de défunte dame Madame Alphonsine La Poire de la Roquette, sa femme, en présence de Jean-Claude du Verne, sᵍʳ de La Varenne, ancien capitaine au régiment de Navarre-Infanterie, sᵍʳ des Armes, frère de l'époux, et de messire Commeau de Pont-de-Veaux, officier au régiment de Royal-Pologne, chevalier, sᵍʳ de Sattenot, frère de l'épouse, et de plusieurs autres parents et amis.

Les 8, 9 et 19 décembre 1763, Claude-Barthélemy acheta diverses rentes de son frère, Jean-Claude, et d'un sieur de La Ferté, et en 1766, il fit d'autres acquisitions de divers; il fit encore plusieurs prêts les 21 mars 1768 et 3 mai 1770; le 24 février 1771, il donne son aveu et dénombrement pour la terre de Villiers-le-Sec et le 7 mai de la même année, il fait un accord avec son frère Jean-Claude. En 1777 et 1778, il correspond avec les gens du Duc de Nevers pour l'acquisition de Réveillon, près Entrains, qu'il achète le 6 février 1778, et dont il donne le dénombrement. Le 12 novembre, il achète le Mineray, aussi près d'Entrains, et les 24 juillet et 5 décembre 1780, on voit le curé d'Ouagne, son fondé de pouvoirs, s'occuper de ses affaires à Réveillon et à Villiers-le-Sec. Le 1ᵉʳ janvier 1785, il souscrit un billet en faveur de sa cousine, Henriette du Verne de Giverdy, et le 5 juin de la même année, il fait une reconnaissance de cheptel pour Réveillon. Le 14 mars 1789, il est représenté par son frère Jean-Claude, à Nevers, à l'assemblée des trois ordres pour la nomination des députés aux Etats Généraux, et c'est à la date du 31 décembre 1792 que l'on trouve la demande en divorce que fait contre lui Françoise-Huguette Commeau,

Commeau, porte :
D'azur, à la fasce d'or,
accompagnée de 3 étoiles
à 6 raies
cometées d'argent.

sa femme, pour épouser Thibault Lesguillon. Le divorce est prononcé le 16 juillet 1793, et la dite Huguette se marie civilement deux fois, les 19 octobre 1793 et 14 septembre 1795.

En 1793, Claude-Barthélemy du Verne hérite de son frère, Jean-Claude du Verne, mort sans enfants, d'en partie de Villiers-le-Sec.

Le 17 juillet 1793, le lendemain de la prononciation du divorce, Françoise-Huguette Commeau avait fait avec son ex-mari, pour éviter les longueurs de la liquidation de leur communauté, cession et échange de divers biens et sommes, arrangement qui fut annulé par jugement rendu à Nevers, le 19 fructidor an III (6 septembre 1795), sur la demande des époux Lesguillon, contre l'agent national, après l'exécution de Claude-Barthélemy du Verne, à Paris, dont les biens étaient confisqués et attribués à la Nation.

Le 3 octobre 1793 (12 vendémiaire an II), Claude-Barthélemy du Verne fut arrêté avec sa cousine, Charlotte-Thérèse du Verne de Lanty, relâché le 3 janvier 1794, après le mariage de la dite Charlotte avec Ignace Leblanc, qui avait eu lieu le 26 décembre 1793.

Le 5 février 1794, il fait un bail pour partie de sa propriété de Réveillon, mais dénoncé par le Comité de Clamecy près du Tribunal révolutionnaire de Paris, sur l'ordre de ce tribunal même du 20 nivôse an II (9 janvier 1794), il fut arrêté de nouveau, à Nevers, par arrêté du Comité de cette ville du 16 ventôse an II (6 mars 1794), et conduit à Paris où il fut écroué à la Conciergerie le 20 ventôse an II (10 mars 1794). Jugé et exécuté le 15 mars 1794 (25 ventôse an II), il avait soixante-sept ans.

NOTA. — Les biens de Barthélemy furent confisqués par la Nation ; ces biens étaient situés à Entrains (Réveillon et Villiers-le-Sec), furent-ils vendus nationalement?

Lesguillon et sa femme réclamèrent Réveillon contre les agents de la Nation, qui les détenaient, alléguant que le dit Réveillon avait été acheté en remploi de la fortune d'Huguette Commeau, et de plus que la dite Huguette Commeau étant accouchée d'une fille le 4 février 1794, cette fille, quoique inscrite sous le nom de Anne-Alphonsine Lesguillon, pouvait être une fille de Barthélemy du Verne et revendiquer son héritage.

Par jugement rendu à Nevers le 9 fructidor an III (6 septembre 1795), ils firent casser le compromis du 17 juillet 1793, passé entre Barthélemy et sa femme, le lendemain de la prononciation du divorce, et celle-ci obtint la propriété de Réveillon, confisquée par l'Etat après l'exécution de Barthélemy du Verne, comme ayant été achetée de ses deniers personnels. En 1797, on la voit, en effet, vendant le dit Réveillon et le Mineray à Edme Guérault et à Thérèse Goguelat, sa femme, qui les revendirent le 14 novembre 1809, au comte Antoine Roy.

Eteints.

BRANCHE DES SEIGNEURS DE JAILLY

VIII

Esme du Verne le jeune, écuyer, s^{gr} de Jailly en partie, de La Chaume et de La Varenne, paroisse de Saxy-Bourdon, ainsi que de La Roche, paroisse de Prémery, et de La Ronde, paroisse de Montenoison, par acquisition faite de la famille de Charry, le 30 avril 1622, troisième fils d'Eloy du Verne et d'Anne de La Borde, sa femme, né vers. . . . ., mourut étant veuf après 1641. Il fut capitaine de cent hommes d'armes du roi Louis XIII, habitait La Varenne, et était membre de la confrérie de Saint-Hubert de Saxy-Bourdon, sa paroisse.

Barnault, porte:
De sable, à la croix d'or.

Suivant contrat passé à Guipy, par devant Jean Louault, notaire, le 1er août 1604, il épousa Marie de Barnault, fille de défunt Anasthase *alias* Antoine de Barnault, s^{gr} de Guipy, d'Arthel en partie et de Tressoles, et d'Adrienne de Paris, sa femme. Esme est autorisé de son frère aîné, François du Verne, porteur de la procuration de leur père (sa mère était morte); la future est assistée de son frère, Jean de Barnault; sont présents au contrat: Esme du Verne l'aîné; Pierre du Pré, s^{gr} de Guipy en partie; Jean de Scorailles, s^{gr} de Passy, etc., etc.

Le 25 octobre 1604, Esme reçut de son père, qui faisait le partage de ses biens, la part qui lui en revenait; le 7 octobre 1607, il assiste au mariage de son frère, Esme l'aîné, avec Madeleine de Pillemiers; le 6 octobre 1614, il vendit une futaie dépendant de La Varenne-Cotillat; le 12 décembre 1615, dans une enquête faite à sa demande, il est déclaré être capitaine de cent hommes d'armes de pied, français; le 1er janvier 1618, comme curateur des enfants de feu Jean de Barnault, son beau-frère, et de feue Claude de Loron, sa femme, il fait sommation à Gédéon de Loron, tuteur des dits mineurs, pour réparations à faire aux biens dont il se rend adjudicataire le 12 janvier suivant; le

9

26 mars 1621, il achète plusieurs directes en la justice de la Boube, et le 11 octobre 1622, il partage avec ses frères, Esme l'aîné et François, représenté par Philibert des Ulmes, des biens communs de lui et Marie de Barnault, son épouse, dont il est séparé de biens.

Le 30 avril 1622, Esme achète de la famille de Charry, les terres de La Roche, paroisse de Prémery, et de La Ronde, paroisse de Montenoison ; le 16 novembre de cette même année, il figure avec ses frères et belles-sœurs, dans le contrat de rente qu'ils font tous ensemble à Christophe Cochet, rente que son fils, Antoine du Verne, rachètera le 25 février 1651.

Le 1er février 1623, Marie de Barnault, sa femme, séparée de biens, fait un autre contrat de rente à messire Eustache du Lys, évêque de Nevers, de concert avec son beau-frère et sa belle-sœur, Esme l'aîné et Madeleine de Pillemiers. Marie de Barnault meurt en septembre 1625, car le 26 juin 1626, eut lieu le conseil de famille pour la tutelle de ses enfants mineurs, Françoise, âgée de seize ans, et Antoine, âgé de onze ans ; sont présents : le père des enfants et leurs oncles, François, sgr de Marancy ; Esme l'aîné, sgr de Bona et La Varenne ; Jean de Courvol, sgr de Bazolles, est nommé curateur.

Le 9 juillet 1629, Esme reçoit la foi et hommage du fief de Leuza, de messire Jean Arnault, chanoine de l'église de Nevers, à cause de sa terre de La Ronde ; le 8 novembre 1631, il est avec ses frères déclaré exempt de taille, comme noble et issu de noble race ; enfin, le 13 août 1641, il charge son frère François, sgr de Marancy, de sa procuration pour le mariage de son fils.

Esme du Verne le jeune et Marie de Barnault eurent pour enfants :

9. Françoise du Verne, baptisée à Saxy-Bourdon le 15 août 1608 ; parrain, François de Babutte, sgr de Fourcherenne ; marraine, Charlotte des Paillards. Est, en 1630, 24 juin, marraine de Nicolas de Chéry et de Jeanne d'Armes ; elle épouse, suivant contrat du 7 septembre 1646, passé par devant Guipier, notaire, Jean de Scorailles, sgr de La Gibaudière et de Thorigny.

Scorailles, porte :
D'azur, à 3 bandes d'or.

Le 29 janvier 1647, les deux dits époux s'accordent avec Antoine du Verne, leur frère et beau-frère, au sujet du paiement de la dot de la dite épouse qui, par son testament du 5 mars 1648, laisse ses biens à Esmée de Scorailles, fille de son mari et de sa première femme, et demande à être inhumée à Isenay, dans l'église où on inhume les sgrs de Thorigny.

9. Paul du Verne, écuyer, baptisé le 23 mars 1611 à Saxy-Bourdon; parrain, Paul de Damas, s^{gr} d'Anlezy et baron de Crux; marraine, Madeleine du Lys. Inhumé le 28 avril 1617, dans l'église de Saxy-Bourdon.

9. Antoine du Verne qui suit.

IX

Antoine du Verne, écuyer, s^{gr} de Jailly, de La Ronde, de La Roche, de La Chaume et de La Varenne, paroisse de Saxy-Bourdon, fils d'Esme du Verne le jeune et de Marie de Barnault, sa femme, baptisé à Saxy-Bourdon le 23 août 1614; parrain, Antoine de Damas, fils de Paul de Damas, s^{gr} d'Anlezy et de Crux; marraine, Madeleine du Lys, fille du s^{gr} de Jailly. Fut inhumé le 20 avril 1669, dans l'église de Jailly; il avait fait son testament le 16 avril de la dite année. Sa femme lui survécut jusqu'en 1673. En 1636, 26 août, Antoine du Verne fut convoqué pour le service du Roi à la place de son père.

Suivant contrat du 13 août 1641, passé à Nevers, par devant Larcher et Cassiat, notaires, Antoine épousa Françoise du Lys, fille de feu Léonard du Lys, s^{gr} de Jailly, et d'Anne de Mazilliers, demeurant à Jailly; il se dit s^{gr} de La Roche (paroisse de Prémery), et de La Varenne (paroisse de Saxy-Bourdon), qu'il habite; sa mère est morte. Son père envoie sa procuration par son frère, François, s^{gr} de Marancy, oncle du dit Antoine. Sont présents au contrat : messire Laurent de Chéry, trésorier de l'église de Nevers; Adrien de Chéry; Gilbert de Chalons, chanoine en la dite église; François des Ulmes, s^{gr} de La Boube; Pierre des Ulmes, s^{gr} de Trougny; Guillaume Cotignon; Eustache et Louis du Lys, frères de la future; François de Charry, s^{gr} de Giverdy, etc., etc.

Le 29 mars 1642, Antoine du Verne racheta la rente faite par ses parents, le 6 février 1623, à Mgr de Chéry, évêque de Philadelphie; le 5 juin 1644, il assiste au contrat de mariage de son cousin, Gilles du Verne, avec Anne de Saint-Quentin; le 29 janvier 1647, il règle, suivant sentence arbitrale avec son beau-frère, Jean de Scorailles, le paiement de la dot de Françoise du Verne, sa sœur, femme du dit Jean; le 17 avril 1647, il fait une cession à Jailly, se faisant fort pour Françoise du Lys, sa femme, et les 30 janvier et 15 juillet 1655, il vend sa terre de La Varenne, devenue Pontillard, à Pierre Rapine et Antoi-

nette Bolacre, sᵍʳ et dame de Fourcherenne et de Saxy-Bourdon, qui avaient
acheté Fourcherenne des héritiers de Françoise du Verne, en son vivant femme
de Jean de Fontenay.

On voit, le 4 juillet 1657, Antoine du Verne transiger avec Jean de La
Tournelle, au sujet de la rente de 1629, due à Christophe Cochet; le 3 janvier 1665, il achète divers droits des Rapine, à cause de Saxy-Bourdon, et le
18 novembre 1665, il se rend adjudicataire du château de Jailly et de toute la
partie de ce fief qu'il n'avait pas et qui se vendait sur décret. Le château de
Jailly est un bâtiment du xvᵉ siècle avec tour d'angle, construit sur une motte
(fort remanié.)

Antoine est dans le jugement en maintenue de noblésse du 19 juillet 1667,
le concernant, ainsi que tous ses cousins. Il est âgé, à cette date, de cinquante-
deux ans, il est dit sᵍʳ de La Roche, près Préméry (fief relevant des évêques
de Nevers); il a pour femme Françoise du Lys, de laquelle il a pour fils : Laurent, Eustache, Renaud *alias* Arnault, François et Jean du Verne, dont l'aîné
est âgé de dix-huit ans (la pièce est signée Lambert). Antoine fut inhumé le
20 avril 1669, dans l'église de Jailly. Par son testament, qui est du 16 avril 1669,
il veut être inhumé dans cette dite église, il nomme pour son exécuteur
testamentaire, Pierre des Ulmes, son cousin issu de germain. Il dote Madeleine
et Anne du Verne, ses filles, et il laisse tous ses biens meubles, à Eustache,
Arnault, François et Jean, ses fils, à l'exception de Laurent, son fils aîné, qui
s'est, dit-il, payé de ses mains.

Cet article du testament fut cassé par sentence du bailliage de Nevers, en
décembre 1671. Laurent du Verne obtint son annulation contre sa mère,
Madeleine du Lys, qui fut condamnée à lui restituer la part de meubles qui
lui revenait. L'arrêt du Conseil d'Etat du 13 mai 1671, signé Foucaut, mentionne Antoine du Verne, bien qu'il fut mort depuis 1669, mais il touchait ses
enfants qui y étaient mentionnés, ainsi que Françoise du Lys, leur mère, dont
on parle dans un bail à rente du 16 novembre 1673, fait par Thomas de La
Barre, en présence de divers membres de la famille du Lys et du Verne y relatés.

Antoine du Verne et Françoise du Lys eurent pour enfants:

10. Madeleine du Verne, baptisée à Saxy-Bourdon le
5 octobre 1642; parrain, Pierre des Ulmes, sᵍʳ de Trougny; marraine, Madeleine de Chéry, femme de Paul de Charry, sᵍʳ du dit lieu. Est mentionnée dans

le testament de son père du 16 avril 1669; elle partage, le 5 mai 1674, étant majeure d'ans, avec ses frères et sa sœur. On la voit dans l'acte de 1683, 10 décembre; de concert avec sa dite sœur, Anne du Verne, alors femme de Charles de Goujon, elle vend le 8 décembre 1685, au sieur Jean Gonin, les deux tiers du terrier de Jailly, et elle est mentionnée dans les actes du 15 janvier 1687 et du 3 août 1733.

10. Eustache du Verne, écuyer, s^gr de Jailly, né en 1643, mort en 1701, est mentionné dans le jugement de maintenue du 19 juillet 1667, signé Lambert; dans le testament de son père du 16 avril 1669, et dans le partage du 5 mai 1674, où il est déclaré être absent, au service du Roi. Il était capitaine lieutenant dans la compagnie des cadets de Charlemont, puis capitaine major dans le régiment de Piémont, et il habitait Giverdy lors de son mariage fait dans l'église d'Ourouër, le 20 janvier 1695, avec Catherine Andras, fille de Jean Andras, s^gr de Chappes et de Chassy en partie, et d'Elisabeth de Veilhan, de la paroisse d'Assars. De ce mariage il y eut une fille, née et morte le 3 octobre 1695; la mère mourut le 18 du même mois, à l'âge de vingt-quatre ans, et fut enterrée le 19 dans l'église de Varzy, près de son enfant.

Andras, porte :
D'argent, au chevron de gueules, accompagné de 3 tourteaux du même.

Eustache, appelé par erreur Eustache-Laurent, assiste, le 19 février 1697, au contrat de mariage de son frère, Arnault du Verne, s^gr de La Ronde, lieutenant au régiment de Ligondès-cavalerie, avec Jeanne-Gabrielle Maréchal, dame de Breton (pays du Berry). Le 25 juin 1698, il paraît avec sa belle-sœur, Louise de Bongars, veuve de Laurent du Verne, son frère, dans une assignation qu'elle donne comme tutrice de ses enfants mineurs; le 22 décembre 1699, il fait, à Jailly, un retrait lignager de biens vendus aux Duplessis.

Le 27 janvier 1700, il achète de Laurent de Charry, s^gr de Giverdy, des biens venant de François du Verne, son frère, seigneur de La Chaume, et 3.050 livres de Laurent de Thory. La même année, le 14 mai, il achète encore des Millot des biens sis à Jailly; le 13 juillet, il rend hommage pour Giverdy, par l'intermédiaire de son cousin, Léonard du Verne, s^gr de La Varenne-en-Bazois, à Louise de Bongars, sa belle-sœur, tutrice de ses enfants, à cause du château et de la motte de Jailly. Enfin, le 5 novembre, toujours de la dite année 1700, il partage, dans les bois de Poincy, avec les du Verne et les Rapine, s^gr de Saxy-Bourdon.

Le 29 novembre 1701, Eustache étant mort, sa succession est partagée entre ses neveux, fils de feu Laurent du Verne, sous la tutelle de leur mère, et ses frères, François du Verne, s^{gr} de La Chaume et de Giverdy, et Arnault du Verne, s^{gr} de La Ronde et de Breton, tous héritiers du dit défunt.

10. Anne du Verne, baptisée à Saxy-Bourdon le 11 mars 1646; parrain, Paul des Ulmes; marraine, Anne de Mazilliers. Est mentionnée dans le testament de son père; elle est majeure d'ans, lors du partage du 5 mai 1674 qu'elle fait avec ses frères et sœurs, et elle épousa Charles de Goujon, avec lequel elle transige avec ses frères le 26 janvier 1676, au sujet des bois de Poincy qui devront être partagés entre tous les intéressés dans les dits bois et avec lequel elle vend, de concert avec sa sœur aînée, Madeleine du Verne, à Jean Gonin, le 8 décembre 1685, les deux tiers qu'elles avaient ensemble dans le terrier de Jailly ainsi que dans les bois de cette terre. Ayant repris cette vente par retrait lignager, François du Verne, s^{gr} de Giverdy, le 15 janvier 1687, la revendit à son frère, Laurent du Verne et à Louise de Bongars, sa femme, ainsi que tout ce qu'il avait à Jailly. Anne du Verne et son mari, Charles Goujon, sont donc mentionnés dans cet acte.

De Goujon, porte: Écartelé : au 1 d'azur, à 2 poissons appelés goujons posés en fasce, l'un sur l'autre, d'or; aux 2 et 3 d'azur, à une étoile d'or, et au 4 aussi d'azur et un autre goujon du même posé en fasce.

Anne fut inhumée à Verneuil, le 2 décembre ou 2 mars 1687, laissant un fils, Joseph Goujon, qui, le 22 décembre 1710, épousa Marie-Gabrielle Pierre.

10. Laurent du Verne qui suit.

10. Pierrette du Verne, baptisée le 7 septembre 1648, née le 31 août à Saxy-Bourdon; parrain, Eustache de Bonet; marraine, Pierrette du Lys.

10. François du Verne, s^{gr} de La Chaume, auteur d'un rameau de la branche de Jailly, suivra à son article, dit « rameau des seigneurs de Giverdy et de Presles. ».

10. Simone du Verne, baptisée à Saxy-Bourdon le 23 juin 1650, née le 1er janvier; parrain, Pierre Joly; marraine, Simone Bailly.

10. Antoine du Verne, baptisé à Saxy-Bourdon le 20 juin 1651; parrain, Antoine Brunet; marraine, Madeleine du Verne, sœur du baptisé. Mort jeune.

10. Joseph du Verne, baptisé à Saxy-Bourdon le 24 mars 1652, inhumé à Saxy-Bourdon le 24 mars 1654.

10. Arnault du Verne, écuyer, s^{gr} de La Ronde et de Breton par suite de son mariage, baptisé à Saxy-Bourdon le 12 mars 1654, né le 2 novembre 1653; parrain, Renaud de Charry; marraine, Eléonore de Chargère. Fut lieutenant de cavalerie au régiment de Ligondès et mourut en 1732. Arnaud est mentionné dans la maintenue de noblesse du 19 juillet 1667, signée Lambert; dans le testament de son père du 16 avril 1669; dans l'arrêt du Conseil d'Etat du 13 mai 1671, signé Foucault, et dans le partage du 5 mai 1674, on le voit comme émancipé par lettre de bénéfice d'âge du 8 janvier 1674; le 8 novembre de cette dite année il est parmi les gentils-hommes convoqués pour le contrôle de la province, et le 26 janvier 1676 il est une des parties transigeant au sujet des bois de Poincy.

Par contrat du 19 février 1697, passé à Breton, paroisse d'Aubinges (Berry), et par devant le notaire des Aix-d'Angillon, Arnault épousa Jeanne-Gabrielle Maréchal, veuve de Charles de Druy, et fille de Claude Maréchal, s^{gr} de Breton, et de feue Jeanne Chevalier, sa femme; il est assisté d'Eustache du Verne, major d'un régiment d'infanterie pour le service du Roi, son frère aîné; de Jean de Lichy, s^{gr} de Lichy et de Baux, son cousin; de Paul de Charry, s^{gr} de Fourvieil, son cousin, et la dite dame Maréchal agit par l'avis de dame Françoise de Challemaison, veuve de Marie-Pierre du Verne, s^{gr} de Marancy, sa cousine, et de René de Herouër, s^{gr} de Guiron, son cousin, etc. Le mariage, à l'église d'Aubinges, se fit le même jour que le contrat.

Arnault est compris dans la sentence du 5 novembre 1700, pour le partage des bois de Poincy; il est aussi un des co-partageants de la succession d'Eustache du Verne, le 29 novembre 1701, et un des gagnants dans la sentence du 10 avril 1702, contre Léonard du Verne, s^{gr} de La Varenne-en-Bazois, et Jeanne de Juisard, sa femme. Le 21 juillet 1702, il présente une requête en maintenue de noblesse, se basant sur la requête présentée par ses cousins; puis, le 12 décembre 1702, il plaide contre Pierre Bodin des Touches, châtelain de Druy; le 19 janvier 1703, il plaide contre le fermier de Coulanges; en 1708, 24 septembre, il est chargé de la procuration de François du Verne de Giverdy, pour le mariage de Laurent du Verne de Giverdy, son fils, et le 26 août 1711, il est compris dans une reconnaissance d'héritages faite à Jailly en sa faveur et en faveur de François du Verne, son frère, et de Louis-Anne, s^{gr} de Jailly,

Maréchal, porte :
De sinople, à 3 poissons d'or en fasce, mis l'un sur l'autre.

et Thomas du Verne, s⁶ʳ du Montot, ses neveux ; le 24 avril 1720, il transige encore, de concert avec ses neveux, avec les Visitandines de Nevers, et enfin, le 19 juin 1731, il fait donation de ses biens à Laurent du Verne, son neveu, fils de François du Verne de Jailly, s⁶ʳ de Giverdy et de Presles, et d'Anne de Charry, sa première femme. Il avait fait son testament le 9 avril 1732.

10. Jean du Verne, né en 1654 ou 1655, émancipé par lettre de bénéfice d'âge du 8 janvier 1674, paraît le 26 janvier 1676, dans le partage des bois de Poincy, et sa mort est connue par l'acte du 15 janvier 1687, sous-seing privé par lequel François du Verne, s⁶ʳ de Giverdy et de Jailly en partie, vend la moitié de ce qu'il a à Jailly, soit pour sa part, soit pour les acquisitions qu'il a retirées de Jean Gonin par retrait lignager, soit pour les héritages qu'il a eus de son frère Jean et autres frères et sœurs.

X

Laurent du Verne, écuyer, s⁶ʳ de Jailly, deuxième fils d'Antoine du Verne et de Françoise du Lys, sa femme, baptisé à Saxy-Bourdon le 1ᵉʳ mai 1647 ; parrain, Laurent de Chéry ; marraine, Claude du Verne, fille d'Esme du Verne l'aîné et de Madeleine de Pillemiers. Mourut en 1688, avant sa femme, Louise de Bongars.

Il est mentionné, comme ayant dix-huit ans, dans le jugement de maintenue de noblesse du 19 juillet 1667, signé Lambert, et dans le testament du 16 avril 1669, de son père, qui lui enlève sa portion de meubles parce qu'il s'était déjà emparé de sa part. On le mentionne encore dans l'arrêt du Conseil d'Etat du 13 mai 1671, signé Foucault, comme étant issu de noble race, et en décembre de la dite année, il obtient une sentence du bailliage de Nevers cassant la disposition testamentaire de son père contre lui. Par partage du 5 mai 1674, il partage avec ses frères, Arnault du Verne, s⁶ʳ de La Ronde ; Eustache, s⁶ʳ de Jailly ; François, s⁶ʳ de La Chaume et de Giverdy, et Jean du Verne, demeurant à Jailly ; ledit Eustache absent (est l'aîné) au service du Roi, est représenté par Pierre des Ulmes, son cousin, ci-devant son curateur. Madeleine et Anne du Verne, sœurs des dits du Verne, demeurant à Saint-Saulge, sont majeures de vingt-cinq ans.

Suivant contrat du 24 mai 1674, passé à Nevers, par devant Camuset, notaire, Laurent du Verne, écuyer, s^{gr} de Jailly, usant de ses droits, épouse Louise de Bongars, fille de feu Adrien de Bongars, s^{gr} de Migny, et de damoiselle Anne de Nerville, procédante à l'autorité de sa dite mère, demeurant au lieu de Sury, paroisse de Saint-Firmin-de-Bussy. Sont présents au contrat : François du Verne, s^{gr} de La Chaume et de Giverdy, frère du futur; Aré Brisson, conseiller du Roi, et Marguerite de Bongars, sœur de la future.

Le 26 janvier 1676, Laurent du Verne, tant en son nom que se portant fort pour ses frères, Arnault, François et Jean du Verne, et pour sa sœur, Anne du Verne, femme de Jean de Goujon, transige avec Jean du Verne, s^{gr} de Marancy, et Pierre Rapine, au sujet des bois de Poincy; le 9 septembre 1677, il est condamné par sentence en faveur du sieur de Lamoignon; le 24 janvier 1684, il reçoit, à cause de son chastel de Jailly, la foi et hommage de Laurent de Charry et de François du Verne pour le fief de Giverdy; le 15 janvier 1687, il achète du dit François, son frère, toute la part et portion que son dit frère avait dans la justice de Jailly, directes, cens, rentes et bordelages, soit pour ses droits propres, soit pour l'hérédité de leur frère, Jean, soit par le retrait lignager qu'il a fait du sieur Jean Gonin, acquéreur des droits de Madeleine et d'Anne du Verne, femme de Jean de Goujon, leurs sœurs.

Laurent du Verne étant mort en 1688, sa veuve fait faire, le 3 février 1689, l'inventaire de ce qu'il laisse; elle est tutrice de ses enfants mineurs, et François du Verne, leur oncle, est leur curateur. Le 25 juin 1698, de concert avec son beau-frère, Eustache du Verne, major au régiment de Piémont, Louise de Bongars donne une assignation au nom de ses enfants, et le 13 juillet 1700, au dit nom, elle reçoit, à cause du chastel de Jailly, la foi et hommage du dit Eustache, s^{gr} de Giverdy en partie, représenté par Léonard du Verne, s^{gr} de La Varenne-en-Bazois.

Le 5 novembre 1700, la dite tutrice partage dans les bois de Poincy avec Esmée Bezave, Françoise de Challemaison, Eustache et Arnault du Verne.

Le 29 novembre 1701, elle partage la succession d'Eustache du Verne, son beau-frère, avec Arnault et François, co-héritiers de ses enfants; le 26 février 1702, elle cède divers héritages à François du Verne, s^{gr} de La Chaume et de Giverdy; le 14 décembre 1702, elle transige avec Louis-Anne, son fils aîné; le 15 mars 1704, elle fait régler par sentence ses intérêts et ceux de ses enfants dans la succession de leur oncle; le 16 février 1705, elle autorise son fils, Thomas du Verne du Montot, à vendre divers héritages à son oncle François;

le 12 octobre 1710, elle fait donner par Jean Quoy diverses reconnaissances pour héritages sis à Jailly.

Laurent du Verne et Louise de Bongars eurent pour enfants :

11. Marguerite du Verne, baptisée à Jailly le 2 mars 1675 ; parrain, François du Verne, s^{gr} de Jailly en partie ; marraine, Marguerite de Bongars. Assiste, en 1716, au mariage de sa sœur, Geneviève-Anne, avec Léonard Moreau.

11. Louis-Anne du Verne qui suit.

11. Thomas du Verne, écuyer, s^{gr} du Montot, chevalier de Saint-Louis, lieutenant de cavalerie, pensionnaire du Roi, inhumé le 20 octobre 1750, mort la veille, dans l'église de Saint-Saulge, à l'âge de soixante-six ans environ. (Serait donc né vers 1684.)

On le voit, le 26 février 1702, mentionné dans la vente d'héritages faite par sa mère à son oncle François ; le 15 septembre, même année, il assiste au mariage de son frère ; il est nommé dans la sentence arbitrale du 15 mars 1704, au sujet de la succession de son oncle, Eustache du Verne, et le 16 février 1705, il vend, du consentement de sa mère, divers héritages à son oncle François, s^{gr} de La Chaume.

Le 26 août 1711, on fait à son profit et au profit de son frère Louis-Anne, comme aussi au profit de ses oncles Arnault, s^{gr} de Breton, et François, s^{gr} de Giverdy, diverses reconnaissances d'héritages ; il est compris dans le procès des 20 septembre 1707, 26 août 1712, et 31 mars 1707, de Dom Michel Panseron, prieur de Jailly.

On voit encore Thomas du Montot, de moitié dans la transaction du 17 décembre 1715, que fait son frère, Louis-Anne du Verne avec Jacques de Guillon, s^{gr} de Saint-Benin-des-Bois, demeurant à Menetou, province du Berry, et le 29 août 1727, il est condamné avec son dit frère par jugement rendu en faveur de leurs sœurs, Louise et Geneviève-Anne du Verne, femmes de Paul et de Léonard Moreau de Montalin. Il est encore de moitié avec son frère, Louis-Anne, dans le procès du 21 octobre 1734 et des années 1735, 1736 et 1737, contre leur cousin Laurent du Verne, s^{gr} de Giverdy. Le 8 janvier 1749, il est convoqué pour la tutelle de Marie d'Estutt, et le 20 avril 1749, il plaide pour le moulin de Jailly.

11. Marie du Verne, 1712.

Moreau, porte:
D'azur, à la rose tigée et feuillée d'argent, soutenue d'un croissant du même; au chef cousu de gueules, chargé de 3 étoiles d'or.

11. Geneviève-Anne du Verne avait épousé, en 1716, Léonard Moreau de Montalin, d'après le jugement rendu à sa requête, le 29 août 1727, contre ses frères Louis-Anne et Thomas du Verne; elle fut inhumée le 27 août 1744, décédée la veille, dans l'église de Saint-Saulge, âgée de soixante ans environ. Elle était donc née vers 1684 et avait eu, le 3 août 1722, une fille, Marie-Anne Moreau.

11. Louise du Verne épousa, le 6 mai 1714, à Bazolles, Paul Moreau, fils de Pierre Moreau et de Tiennette de Sergière et frère de Léonard Moreau de Montalin. Conjointement avec sa sœur, Geneviève-Anne du Verne, elle plaide, le 29 août 1727, contre ses frères, et elle fut inhumée, étant veuve, dans l'église de Bazolles, le 28 juin 1734, laissant une fille, Marie-Anne Moreau, qui épousa Pierre Pinault, demeurant à Saint-Saulge, et qui, étant veuve, le 9 avril 1772, fit une demande à cette date de retrait lignager pour la terre de Jailly vendue par son cousin, Paul du Verne, s^{gr} de Jailly, à Jean-Jacques-Pierre, s^{gr} de Saint-Cy.

XI

Louis-Anne du Verne, écuyer, s^{gr} de Jailly, fils aîné de Laurent du Verne et de Louise de Bongars, sa femme, né à . . . . ., fut inhumé le 11 février 1741, mort de la veille, dans la chapelle de l'église de Jailly, sépulture ordinaire de ses ancêtres. Il était capitaine au régiment de Noailles-infanterie. Le 24 mai 1697, il est commissaire du ban de la noblesse de Nivernais, et le 9 juin de la dite année on le voit à la revue de Parthenay dans la compagnie de chevau-légers.

Des Manchins, porte :
D'azur, à 3 flèches d'argent, posées en bande, surmontées d'un besant d'argent au canton du chef dextre.

Les 26 février et 23 août 1702, il est mentionné dans les ventes faites à son oncle, François du Verne, s^{gr} de La Chaume, et le 15 septembre 1702, il épouse, dans l'église de Chassy, en Berry, Anne des Manchins, fille de feu Claude des Manchins, s^{gr} de Chassy, de Villabon et du Gué, et de dame

Edmée de Druy; assistent au dit mariage: Louise de Bongars, sa mère; Edmée de Druy; Thomas du Verne, son frère; Avoye du Broc; J.-B. de Berthier, et Rigal, ce dernier curé.

Le 14 décembre 1702, Louis-Anne transige avec sa mère au sujet de la succession de son frère; le 23 janvier 1704, il vendit divers héritages sis à Jailly, à son oncle, François du Verne, sᵍʳ de Giverdy; le 15 mars 1704, il règle, suivant sentence arbitrale, divers intérêts avec sa mère au sujet de la succession d'Eustache du Verne, son oncle; le 26 août 1711, il fait faire diverses reconnaissances d'héritages en sa faveur et aussi en faveur de son frère, Thomas, sᵍʳ du Montot, et de leurs sœurs germaines, Geneviève-Anne et Louise, comme aussi en faveur de leurs oncles, Arnault, sᵍʳ de Breton, et François, sᵍʳ de La Chaume et de Giverdy.

Sur une plainte du 26 août 1712, de Dom Michel Panseron, prieur de Jailly, suivie d'une enquête du 3 octobre, Louis-Anne du Verne et son frère Thomas, furent condamnés par ordonnance du 31 mars 1713; le 21 août 1714, Anne des Manchins, femme de Louis-Anne, transige, de concert avec ses parents de Marancy et de Giverdy, avec Achille Rapine et sa femme, au sujet des bois de Poincy; le 13 août 1715, Louis-Anne du Verne ayant obtenu une sentence contre Jacques de Guillon, sᵍʳ de Saint-Benin-des-Bois, finit le 17 décembre par transiger; il vend, le 6 mai 1716, avec sa femme et Louis-Claude des Manchins, sᵍʳ de Villabon, divers héritages à Chassy, province du Berry; le 28 novembre 1721, il figure dans la déclaration faite pour les enfants mineurs d'Eustache de Lichy, et il est condamné, le 29 août 1727, avec son frère Thomas, sᵍʳ du Montot, dans le procès engagé contre eux par leurs sœurs, Geneviève-Anne et Louise du Verne, femmes de Léonard et de Paul Moreau de Montalin.

Le 25 septembre 1733, il reçoit une donation en sa faveur, de Louise de Blosset, veuve d'Amable des Manchins, demeurant paroisse de Villabon (Berry); le 20 mars 1734, il obtient des lettres de bénéfice d'inventaire pour la succession de Léonard de Bonnay; dans les années 1734, 1735, 1736 et 1737, il figure avec son frère, Thomas, lieutenant de cavalerie, dans diverses procédures contre Laurent du Verne, sᵍʳ de Giverdy et de Presles, son cousin, et le 23 août 1740, il obtient du juge de Jailly un jugement contre les Duplessis.

Anne des Manchins survécut à son mari avec lequel elle était non commune de biens. Les 5 et 11 décembre 1743, ses enfants produisirent contre elle pour la succession de leur père; le 29 janvier 1744, elle fit une acquisition au terrier de Jailly, de Philippe de Veilhan et de Marie-Thérèse du Verne, sa femme, et le 20 juillet 1747, elle fut inhumée dans le chœur de l'église de Chassy, sa paroisse.

Louis-Anne du Verne et Anne des Manchins eurent pour enfants:

12. François-Gabriel du Verne, écuyer, prieur commendataire du prieuré de Saint-Sylvestre de Jailly, demeurant au château et paroisse de Jailly, fait faire les 21 janvier et 11 février 1732, l'expertise et le devis des réparations à faire à l'église et au prieuré de Jailly dont il prend possession, succédant au sieur de Saint-Pot, ci-devant prieur du dit lieu.

François-Gabriel est convoqué, le 7 juin 1735, pour la nomination de la tutelle des enfants mineurs de Laurent du Verne, écuyer, s^{gr} de Presles et de Giverdy, dont la femme, Marie-Thérèse Briçonnet, vient de mourir. Le 28 novembre 1736, on le voit parrain de Claude de Borniol; les 5 et 11 décembre 1743, il est mentionné dans la production faite contre Anne des Manchins, sa mère, par tous ses enfants réunis; le 4 juillet 1746, il est témoin du mariage de Guillaume Maillot, et le 19 octobre 1748, il donne quittance conjointement avec ses frères, Thomas et Paul du Verne, lesquels héritent de lui, d'après l'assignation à eux donnée le 25 juillet 1750 au sujet de la succession du dit François-Gabriel.

12. Thomas du Verne qui suit.

12. Paul du Verne, auteur du rameau de la branche de Jailly, suivra à son article, dit: « rameau des seigneurs de Lanty et de Montanteaume. »

12. Françoise-Constance-Rose du Verne, abbesse du couvent de Sainte-Claire, à Moulins en Bourbonnais, est marraine, le 7 avril 1754, de Louis-François-Charles-Augustin du Verne de Lanty, son neveu.

12. Louise-Gabrielle du Verne qui fut abbesse après sa sœur, de la même abbaye de Sainte-Claire, à Moulins, est marraine, le 3 février 1756, de Louis-Gabriel-Charles-Claude du Verne de Jailly, son neveu.

XII

Thomas-Anne du Verne, écuyer, s^{gr} de Jailly, et par son mariage, d'Orgues et de Semelin, fils de Louis-Anne du Verne et d'Anne des Manchins, né à Jailly, le 27 avril 1712, ondoyé le 1er mai, baptisé le 27; parrain, Thomas du Verne, écuyer, s^{gr} du Montot; marraine, Anne Andras. Fut inhumé à Saint-Saulge, le 21 septembre 1779, mort la veille, âgé de soixante-neuf ans, veuf de dame Marie Méchine de Montanteaume, baptisée à Saint-Etienne de Mingot, le 22 août 1728, qu'il avait épousée, suivant contrat du 6 janvier 1751, à l'église de Mingot (commune de Châtillon-en-Bazois), le 9 février 1751. Le contrat avait été passé à Orgues, par devant Robert Pinault et Coquille, notaires; le futur se dit chevalier, s^{gr} de Jailly, de Genestois, le Breton, Fortbois et Villaines en partie, demeurant au château de Jailly. Ses père et mère sont morts; il est assisté de son frère, Paul du Verne, s^{gr} de Jailly en partie. La future, Marie Méchine, qui signe Marie Méchine d'Armeville (Loiret), est fille de feu Jacques Méchine de Montanteaume, s^{gr} du dit lieu et de Lanty, chevalier de Saint-Louis, et ancien capitaine au régiment de la Sarre-infanterie; sa mère, Luce-Charlotte Fontana, qui habite Orgues, est présente avec une de ses autres filles, Marie-Thérèse Méchine; Charles Coquille, cousin-germain paternel de la future, assiste au contrat, ainsi que Marie-Charlotte Coquille, femme de Jean-Baptiste de Lavenne, aussi cousine-germaine de la future.

Par lettre de grâce d'avril 1731, Thomas du Verne, alors âgé de dix-huit ans, avait été grâcié ainsi que ses cousins, Joseph du Verne de Marancy, âgé de dix-neuf ans, et Pierre-Paul, son frère, pour l'affaire Charlot, tué dans une rixe, à Bona; les 21 octobre et 4 novembre 1734, il plaide contre Laurent du Verne, s^{gr} de Giverdy; le 11 décembre 1743, il produit contre sa mère, Anne des Manchins, avec ses frères, François-Gabriel et Paul, pour la succession de leur père; le 19 octobre 1748, il donne quittance avec ses dits frères aux frères Lelong; le 25 juillet 1750, il est assigné avec son frère, Paul, comme héritiers de leur frère, feu François-Gabriel, prieur de Jailly; le 20 octobre même année, il assiste à l'inhumation de son oncle, Thomas, s^{gr} du Montot, et le 10 mars 1751, il fait avec son frère, Paul, la déclaration des biens du dit Thomas.

Le 19 décembre 1760, les deux dits déclarants avaient vendu à François Poubault, bourgeois, demeurant à Bourges, la terre, fief et seigneurie de Chassy en Berry; le 25 novembre 1764, Thomas assiste au contrat de mariage de Marie-Françoise du Verne de La Varenne, sa cousine, avec Guillaume du Broc; le 1er décembre 1769, il fait procéder contre Jean Quoy, demeurant à Savigny-sur-Canne, pour une reconnaissance d'héritages à Jailly, dont il vend à son frère Paul, sa part, et se retire à Saint-Saulge; puis on le trouve soutenant, le 21 juillet 1772, de concert avec son dit frère, un procès contre Jean-Charles Amyot, au sujet d'une constitution de rente du 9 mai 1753, et à la mort de sa femme, Marie Méchine, inhumée à Saint-Saulge le 25 avril 1776, il se trouve héritier de sa dite femme d'après un testament qu'il avait d'elle depuis le 1er novembre 1770 et qu'il ne fit connaître que le 3 mars 1777.

Thomas-Anne et Marie Méchine eurent pour enfants:

13. Paule-Luce-Marie du Verne *alias* Marie-Charlotte-Pauline, née à Mingot le 2 février 1753, baptisée le 4; parrain, Paul du Verne, sgr de Jailly; marraine, dame Luce-Charlotte, grand'mère maternelle. Epouse, le 7 mai 1780, à Saint-Saulge, André-François Dumoulin, receveur au bureau des aides du dit Saint-Saulge, puis officier de la maîtrise des eaux et forêts, fils majeur de Claude-Joseph Dumoulin, bourgeois de Crémieu (Isère), et de Françoise Bertrand, ses père et mère. Elle paraît tant en son nom que comme fondée de pouvoir de sa sœur, Anne-Philippine-Marie, femme d'Antoine Desbrez, dans les comptes de la succession de sa grand'mère, Charlotte-Luce Fontana, veuve de Jacques Méchine, sgr d'Arméville, comptes des 25 février et 1er août 1780; dans la reconnaissance Pellé, et dans le partage d'Orgues du 12 avril 1786.

Dumoulin, porte: D'azur, à 3 meules de moulin d'argent, posées en bandes.

13. Charles-Léonard du Verne *alias* Jean-Charles-Eléonor, né à Mingot le 10 janvier 1754, ondoyé le 15 janvier 1754, baptisé le 21 juillet 1755; parrain, Jean-Charles de Mesgrigny, chevalier, comte sgr d'Aunay, Marcilly, Saint-Péreuse et autres lieux, lieutenant général des camps et armées du Roi; marraine, madame Catherine Bouché-d'Arée, épouse de messire Léonard-Armand, marquis de Pracomtal, sgr de Châtillon, baron de cette paroisse et autres, lieutenant pour le Roi de cette province.

Ses états de services, délivrés par le ministère de la guerre, portent: Du Verne (Charles-Eléonor), né le 10 janvier 1754, à Mingot (Nivernais). Sous-lieutenant au régiment de Limousin (42e régiment d'infanterie en 1791), le 21 mai 1771; lieutenant en second le 28 avril 1778; lieutenant en premier le 18 juillet 1780; capitaine en second le 24 septembre 1785; démissionnaire le 31 décembre 1792.

Charles-Léonard émigra, mais ne fut pas porté sur la liste des émigrés; il mourut à Nevers le 4 septembre 1796, à l'âge de quarante-deux ans environ. Il avait épousé, le 21 juin 1786, à Saint-Etienne de Nevers (ses père et mère étaient morts), Madeleine de Nourry, fille majeure de défunt messire Marie-Pierre de Nourry, chevalier, sgr de Chaumigny, Torigny, Palluau, et de défunte dame Eugène Millot, ses père et mère. De ce mariage naquit Louise du Verne, baptisée le 2 septembre 1787 à Saint-Etienne de Nevers; parrain, Louis-Gabriel-Charles-Claude du Verne; marraine, Madeleine Millot de Chauvance, qui épousa, le 8 mai 1809, Marie-César-Anne-Elisabeth-Gabriel Bruneau de Vitry, fils de Pierre-Etienne Bruneau de Vitry et de Gabrielle de Reugny, sa femme.

Jean-Charles-Eléonor du Verne, tant en son nom que comme tuteur confirmé en justice de ses frères, Louis-Gabriel-Charles-Claude et Edme-François du Verne, de concert avec ses sœurs et son oncle, Paul du Verne, qui paraît par procureur comme mari de Marie-Thérèse, sa femme, établit et reconnaît les comptes de la succession de dame Luce-Charlotte Fontana, leur grand'mère, veuve de Jacques Méchine, sgr d'Armeville, le 25 février 1780. On voit encore le dit Jean-Charles dans la reconnaissance du 1er août 1780, pour la rente due à Sébastien Pellé, dans le partage d'Orgues, du 12 avril 1786, tant en son nom qu'au nom d'Edme-François du Verne, son frère.

Le 21 avril 1789, il assiste au mariage de son frère, Louis-Gabriel-Charles-Claude avec Jeanne de Berthier du Veuillin, et le 17 décembre 1790, il autorise sa femme, Madeleine de Nourry, pour la donation entre vifs à elle faite par dame Madeleine Millot de Montjardin, veuve commune et usufruitière de messire Philippe Le Bault de Chauvance, demeurant à Nevers, paroisse de Saint-Etienne, des bâtiments, maison, chapelle, colombier, cour, étable, écurie et parterre, dépendante de la Baratte, paroisse de Saint-Lazare, plus les domaines et dépendances situés paroisse de Chaluzy, à charge d'usufruitière durant sa vie, et encore de payer 2.000 livres aux héritiers de la donatrice.

13. Louis-Gabriel-Charles-Claude du Verne qui suit.

De Nourry, porte: D'azur, à 1 sautoir d'or, accompagné de 4 couronnes à l'antique du même.

Bruneau de Vitry, porte: D'azur, à la fasce d'argent, chargée de 3 merlettes de sable et accompagnée de 3 étoiles du second émail.

13. Anne-Philippine-Marie-Rose du Verne, née à Mingot le 1er juin 1758; parrain, Philippe Le Bault, chevalier, sgr de Chauvance; marraine, Angélique-Françoise-Marie Méchine, religieuse ursuline à Moulins-Engilbert. Epouse à Saint-Saulge, le 9 mars 1777, Antoine Desbrès, fils mineur d'Antoine Desbrès, contrôleur des aides au département de Sury-en-Forez, demeurant à Cusset, et de Jeanne Martinet-Desbirat, ses père et mère, et elle paraît par procureur autorisée de son dit mari dans les comptes de la succession de sa grand'mère, du 25 février 1780; dans le partage d'Orgues du 12 avril 1786, et elle est morte à l'époque de la vente d'Orgues, le 3 avril 1795.

13. Edme-François du Verne, né à Saint-Saulge le 1er janvier 1761, baptisé le 2; parrain, Edme de La Bussière, chevalier, sgr de La Bruère, lieutenant au régiment de Beauvillers-cavalerie; marraine, Françoise du Verne de La Varenne. Est comme son frère, Charles-Eléonor, une des parties agissantes, le 25 février 1780, dans les comptes de la succession de dame Luce-Charlotte Fontana, sa grand'mère, et le 1er août dans la reconnaissance de la rente due à Sébastien Pellé, et représenté par son frère, Charles-Eléonor, dans le partage d'Orgues du 12 avril 1786.

Edme-François servit et ses états de services, délivrés par le ministère de la guerre, sont: Duverne de Jailly (Edme-François), né le 1er janvier 1761 à Saint-Saulge, en Nivernais. Cadet gentilhomme au régiment d'infanterie de Limousin le 6 juin 1776; sous-lieutenant le 3 avril 1779; lieutenant en second le 1er mars 1783; lieutenant en premier le 6 juillet 1787; capitaine au 55e régiment d'infanterie (Condé), le 15 septembre 1791; a abandonné le 30 juin 1792.

Edme-François émigra et fut tué à Quiberon, combat du 16 juillet 1795; il est inscrit Verne sur le monument de la chapelle expiatoire d'Auray, avec la mention de sous-lieutenant.

13. Laurent-Thomas du Verne, baptisé le 17 décembre 1762, à Saint-Saulge; parrain, Laurent du Verne de Presles, sgr de Giverdy; marraine, dame Charlotte Coquille de Marcenay. Mort jeune.

13. Marie-Madeleine du Verne, baptisée à Saint-Saulge le 5 novembre 1764, née la veille; parrain, Paul-Joseph de Cotignon, gentilhomme, demeurant au Buchot, paroisse de Poussignol; marraine, Marie-Madeleine d'Estutt; demeure à Saint-Saulge. Morte en 1765.

XIII

Louis-Gabriel-Charles-Claude du Verne, écuyer, s^{gr} d'Orgues, et par son mariage s^{gr} du Veuillin, second fils de Thomas-Anne du Verne et de Marie Méchine, né à Mingot le 3, et baptisé le 4 février 1756; parrain, Charles-Claude Coquille, cousin maternel; marraine, dame Louise-Gabrielle du Verne, abbesse de l'abbaye royale de Sainte-Claire de Moulins (Bourbonnais), tante du baptisé. Il mourut à Nevers le 4 août 1822, âgé de soixante-six ans, ayant épousé le 21 avril 1789, dans l'église du Veuillin, commune d'Apremont (Cher), Jeanne de Berthier, fille mineure de défunt messire Jean-François-Claude de Berthier, ancien capitaine de cavalerie, chevalier de Saint-Louis, s^{gr} du Vernay, et de dame Hélène de Berthier, dame de Navenon et du Veuillin. Jeanne de Berthier avait été baptisée à Nevers, paroisse de Saint-Trohé, le 29 mars 1769; parrain, Gilbert-Laurent de Berthier, s^{gr} de Navenon et du Veuillin; marraine, Jeanne de La Roche de Rimbé de Berthier. Jeanne de Berthier mourut à Nevers, après son mari, le 6 février 1824, étant âgée de cinquante-cinq ans; elle avait une sœur, Louise de Berthier, qui ne se maria pas.

De Berthier, porte : D'azur, à la fasce d'or, accompagnée en chef d'une rose d'argent et en pointe de 3 glands d'or, posés 2 et 1.

Louis-Gabriel-Charles-Claude du Verne servit dans la marine royale et ses états de services, délivrés par le ministère de la marine, sont: Du Verne (Louis-Gabriel-Charles-Claude), fils de messire Thomas du Verne, s^{gr} de Jailly, et de dame Marie Méchine, né le 3 février 1756, en la paroisse de Mingot, bailliage de Châtillon, province de Nivernais; volontaire le 1er avril 1773; aide-maître d'équipage le 1er septembre 1775; enseigne de vaisseau de port le 1er avril 1780; lieutenant de vaisseau le 1er mai 1786; chevalier de Saint-Louis le 2 novembre 1787; porté sur la liste d'activité jusqu'au 1er janvier 1792. Admis à la retraite avec le grade honorifique de capitaine de frégate, par décision du ministre du 29 janvier 1817; a obtenu une pension de deux cents livres pour cause de blessures, le 9 mai 1781; elle a été portée à trois cents livres le 14 novembre 1783. Campagnes : Sur la corvette la *Fortune* (mers de l'Inde, en paix), du 15 avril 1773 au 14 juillet 1774; sur la corvette l'*Étourdie* (Martinique, en paix), du 8 octobre 1774 au 13 juillet 1775; sur la corvette le *Serin* (Saint-Domingue, en paix), du 28 octobre 1776 au 6 décembre 1777; sur la frégate la *Résolue* (expédition de la Côte d'Afrique et

Martinique, en guerre): prise du Sénégal, du fort de Gambie, de la batterie de l'île de Tasso, de Sierra-Leone, du fort de Succondé; blessé d'un coup de feu à la cuisse droite dans cette dernière affaire. Trois combats livrés sur l'escadre du comte de Guichen, du 1er avril 1778 au 16 janvier 1781. Sur le vaisseau *l'Alcide,* escadre du comte de Guichen (en guerre), du 22 juillet 1782 au 13 novembre 1782; sur la flûte *le Dromadaire* (Antilles, en paix), du 26 novembre 1786 au 31 décembre 1786. Suit un extrait de documents administratifs conservés aux archives du ministère de la marine et un mémoire concernant les services de Louis-Gabriel-Charles-Claude du Verne.

Rappelé à la Révolution par M. Bertrand, ministre de la marine, comme capitaine de vaisseau, cet officier ne rejoignit pas, il avait rejoint l'armée des Princes; mais n'ayant pas été inscrit sur les listes d'émigrés il rentra en France, et dès le 20 février 1794 (2 ventôse an II), on le voit fixé au Veuillin, propriété de sa femme, et devenu président du district de Sancoins, d'après un reçu à lui adressé du ministère de la marine pour lui accuser réception de ses anciens brevets d'officier de marine qu'il avait dû envoyer à Paris pour les échanger contre des brevets républicains *(sic)*.

Louis-Gabriel-Charles-Claude avait été représenté par son frère aîné, Charles-Léonard, son tuteur, pour les comptes du 25 février 1780, de la succession de leur grand'mère, Luce-Charlotte Fontana, veuve de Jacques Méchine, et pour la reconnaissance Pellé du 1er août 1780; quand au partage d'Orgues, du 12 avril 1786, ce fut son parent, Claude Coquille, qui fut chargé de ses intérêts.

On voit par son contrat de mariage, passé à Nevers le 18 avril 1789, devant Berger et Riffé, notaires, que Pierre de Berthier du Vernay, ancien garde du corps du Roi, et Jeanne-Marie de La Roche-Loudun, sa femme, oncle et tante de Jeanne de Berthier, assurent à leur nièce leur propriété de La Grâce (commune de Gimouille) et leur maison de Nevers; on y voit encore qu'assistèrent audit contrat: Louise Garnault, veuve de messire Jean-Baptiste de Berthier, chevalier, sgr des Fougis, Bizy et autres lieux; messire Étienne-François, comte de Berthier, chevalier, sgr de Bizy, la Vallée, la Belouze, les Fougis et autres lieux; dame Madame Louise-Rose de La Chaussade, son épouse; dame Jeanne-Charles de Charry de Pagany, tous parents de la future, et demoiselle de Nourry, épouse de messire Charles-Léonard du Verne, capitaine au régiment de Limousin, belle-sœur du futur, et autres parents et amis. Le futur est déclaré lieutenant de vaisseau de la seconde division de la quatrième escadre (Brest); il est chevalier de Saint-Louis [1] et a l'autorisation, datée du 21 mars, du ministre de la marine de La Luzerne. Certifiée copie conforme à l'original. Vu : Hector.

Le 14 mars 1789, Louis-Gabriel-Charles-Claude est représenté par Jacques-Claude de Bèze, chevalier de Saint-Louis, à l'assemblée des trois ordres réunis à Nevers, pour la nomination des députés aux Etats généraux.

Le 3 avril 1795 (14 germinal an III), il vendit Orgues au citoyen Dauvergne, cultivateur-fermier, et à la citoyenne Nompsin, son épouse, et le 22 floréal an VI (11 mai 1798), il partagea avec sa belle-sœur, Madeleine de Nourry, veuve de Charles-Léonard du Verne, tutrice confirmée en justice de sa fille, Louise du Verne; son beau-frère, André-François Dumoulin, autorisant sa femme, Paule-Luce-Marie-Charlotte du Verne, et son autre beau-frère, Antoine Desbrès, veuf d'Anne-Philippe-Marie-Rose du Verne, tuteurs de leurs enfants mineurs, Etienne et Thérèse Desbrès, la succession d'Edme-François du Verne, qui avait péri à Quiberon le 16 juillet 1795. Ce partage se fit sous sous-seing privé parce que, disent les parties, elles se sont informées que le citoyen Edme du Verne, dont ils sont héritiers pour chacun un quart, a péri à la défense de la patrie, mais qu'ils n'en ont pas une certitude positive.

Le 3 octobre 1800 (11 vendémiaire an IX), Louis-Gabriel-Charles-Claude et Jeanne de Berthier, sa femme, vendirent la Grâce et Trémigny à Marie-Thérèse Taillert, veuve Moreau, et à Eloi Tiersonnier et Françoise-Monique-Marie-Thérèse Moreau, son épouse, tous demeurant à Meauce, commune de Saincaize.

Le 4 janvier 1806, Louis-Gabriel-Charles-Claude du Verne fut nommé de la Commission administrative des hospices de Nevers, et le 15 août 1815, conseiller de la préfecture de la Nièvre.

En 1817, comme récompense de ses services dans la marine, le Roi lui conféra le grade de capitaine de frégate honoraire et une pension de retraite de 422¹ sur la caisse des Invalides de la marine, en remplacement de la pension qu'il avait reçue avant la Révolution, pour ses blessures, et que le gouvernement révolutionnaire lui avait enlevée.

---

(1) Cette décoration, donnée le 4 novembre 1787, avait été promise et demandée après l'affaire du fort de Sucondé, Louis-Charles-Claude avait vingt-deux ans (1778).

Louis-Gabriel-Charles-Claude du Verne et Jeanne de Berthier eurent pour enfants :

14. Charles du Verne qui suit.

De Berthet, porte :
D'azur, à 3 lions d'or, posés 2 et 1, c'est-à-dire 2 en chef et 1 en pointe.

14. Caroline du Verne, née le 31 octobre 1792, au Veuillin, nommée Charles dans l'acte de baptême, baptisée en l'église du Veuillin, sa paroisse; parrain, Charles du Verne, son frère; marraine, Louise de Berthier, sa tante. Meurt à Nevers le 3 décembre 1868; elle avait épousé, le 26 mai 1813, à Nevers, Jean-Claude-Félix de Berthet, âgé de vingt-six ans, fils de François de Berthet, demeurant commune de Ciernat (Allier), et de Louise de Berthet, son épouse, d'où deux filles : Ernestine de Berthet, religieuse, née le 29 septembre 1814, et Louise de Berthet, née le 18 novembre 1821.

14. Pierre, dit Paulin du Verne, qui suivra à son article, dit « du Verne du Veuillin » qu'il habite.

XIV

Andras, porte :
D'argent, au chevron de gueules, accompagné de 3 tourteaux du même.

Charles du Verne, fils aîné de Louis-Gabriel-Charles-Claude du Verne et de Jeanne de Berthier, né le 28 février 1790, et baptisé le même jour à Saint-Arigle de Nevers; parrain, messire Charles-Léonard du Verne, capitaine au régiment de Limousin, s^{gr} de Semelins, son oncle; marraine dame Madame Hélène de Berthier, sa grand'mère. Mourut le 27 juillet 1847, âgé de cinquante-sept ans, et fut inhumé dans l'église de Saint-Eloi, sa paroisse.

Il épousa à Nevers, le 26 janvier 1814, Charlotte-Elisabeth Andras de Marcy, âgée de dix-huit ans, née à Nevers le 29 fructidor an III, fille mineure d'Edme Andras, comte de Marcy, et de dame Marie-Anne de La Ferté-Meun, ses père et mère, et la dite Charlotte-Elisabeth Andras, morte, étant veuve, le 15 avril 1885, âgée de quatre-vingt-neuf ans, fut inhumée à Nevers. Charles du Verne était capitaine adjudant-major, en retraite pour cause de blessures, depuis le 6 novembre 1813; chevalier de la Légion d'honneur, il habitait la Baratte, et le 23 octobre 1818, il avait été nommé commandant provisoire de la garde nationale de Nevers où il était capitaine de grenadiers.

Serviteur dévoué de la Monarchie légitime, lors de la Révolution de juillet 1830, il fut chargé des intérêts de la royauté tombée, dans le départe-de la Nièvre, par Madame la duchesse de Berry, nommé régente, et resta correspondant du Roi devenu majeur, dans le même département.

Les états de services de Charles du Verne, délivrés par le ministère de la guerre, portent : Duverne (Charles), fils de Louis-Gabriel et de Jeanne de Berthier, né le 28 février 1790 à Nevers (Nièvre), élève à l'école militaire, 25 janvier 1807 ; sous-lieutenant à la 5e légion de réserve (devenu le 122e régiment de ligne le 29 janvier 1809), le 17 juillet 1807 ; lieutenant le 31 août 1810 ; adjudant le 1er janvier 1811 ; capitaine adjudant-major le 1er juillet 1812 ; retraité par décret du 6 novembre 1813. Campagnes : 1808 à 1809, armée d'Espagne ; 1810, 1811, 1812, armée du Portugal. Blessures : blessé d'un coup de feu, traversant la cuisse, le 15 juillet 1810, à la Pola de Lina (Asturies) ; blessé d'un second coup de feu, au-dessus du sein gauche, le 23 juin 1811, près d'Assorga (Castille) ; blessé d'un troisième coup de feu, traversant la poitrine, à la bataille des Arapiles, le 22 juillet 1812.

C'est par des lettres, du 19 décembre 1812, du colonel commandant le 122e régiment d'infanterie, que l'on voit que le dit colonel a demandé pour Charles du Verne le grade de capitaine et la décoration de la Légion d'honneur pour faits de guerre et blessures, et par lettre du 17 février 1813, que le général Brunet avait appuyé ces propositions qui furent accueillies, puisque dans l'acte de naissance d'Hélène du Verne, du 25 janvier 1815, il est déclaré que le père de l'enfant est membre de la Légion d'honneur.

Charles du Verne et Charlotte-Elisabeth Andras de Marcy eurent pour enfants :

15. Hélène dite Héléna du Verne, née à Nevers le 25 janvier 1815, épouse à la Baratte (commune de Saint-Eloi), le 14 septembre 1840, Edme Maublanc de Lavesvre, âgé de vingt-neuf ans, fils de feu Jacques-Victor Maublanc de Lavesvre et de feue Anne-Charlotte Andras de Marcy, dont :

Maublanc de Lavesvre, porte : De sable, semé d'hermines d'argent.

Louise de Lavesvre, épouse Alfred Lemaire de Marne.

Elisabeth de Lavesvre, épouse Adolphe de Mullot de Villenaut.

Jules de Lavesvre, épouse Gilberte Andrieu.

Henri de Lavesvre, non marié.

Pierre de Lavesvre, mort jeune.

Edme de Lavesvre, mort jeune.

Et Ludovic, mort jeune.

Hélène meurt le 19 décembre 1885. Son mari était mort le 12 mai 1882.

15. Louis du Verne qui suit.

15. Pierre, dit Jules du Verne, qui suivra à son article, dit « du Verne de la Baratte. »

15. François du Verne, né à Nevers le 28 octobre 1819, mort à Nevers le 9 juillet 1821.

15. Anne, dite Annette du Verne, née à Nevers le 19 février 1821, ne s'est pas mariée, et meurt à Nevers le 28 décembre 1896.

15. Félix du Verne, né à Nevers le 10 octobre 1823, mort à Nevers le 20 septembre 1824.

Du Pré de Saint-Maur, porte : D'argent, à la fasce de sinople, accompagnée de 3 trèfles du même.

15. Henri du Verne, né à la Baratte le 26 juillet 1831, épouse, à Orléans (Loiret), le 27 janvier 1858, Louise-Marie-Alix du Pré de Saint-Maur, fille majeure de Georges-Luc-Ernest du Pré de Saint-Maur et de dame Marie-Laurence-Félicité Patas d'Illiers. Henri meurt à Louan (Loiret), commune de Menestreau-en-Villette, le 20 juin 1886, il avait eu trois filles :

Marie-Thérèse du Verne, née à Nevers le 13 janvier 1859, morte à deux mois, le 18 mars de la même année.

Jeanne du Verne, née à Nevers le 23 janvier 1861, morte à Louan le 3 septembre 1885, laissant une fille, Marguerite d'Anchald, de son mariage avec Raoul-François-Louis Saulnier, vicomte d'Anchald, qu'elle avait épousé le 12 juillet 1880, à Nevers, fils de Jules-Armand-Jacques Saulnier, vicomte d'Anchald, et de Charlotte-Herminie Cochet de Luny.

Saulnier d'Anchald, porte : D'azur, à 1 chevron d'or, accompagné de 3 demi-vols du même.

Hélène du Verne, née à Nevers le 23 octobre 1865, morte le 5 juin 1875, à Nevers.

15. Marie-Joséphine du Verne, née à la Baratte le 26 décembre 1832, morte au même lieu le 1er octobre 1835, âgée de trente-trois mois.

15. Caroline du Verne, née à la Baratte le 19 décembre 1834, épouse à Nevers, le 3 mai 1859, Louis-Jean-Henri Flamen d'Assigny, fils d'Henri-Jean Flamen d'Assigny et de Louise-Jeanne Bellon de Blanzy, dont :

Louis d'Assigny, non marié.

Frédéric d'Assigny, épouse Marguerite Benoist de Laumont.

Hubert d'Assigny, épouse Marie-Thérèse Guiller de Chalvron.

Marie-Thérèse d'Assigny, épouse Jean-Louis-Marie-Joseph-Henri Pinet des Ecots.

Gilbert d'Assigny, épouse Solange de Place.

Flamen d'Assigny, porte :
D'azur, à 2 lions d'or.

15. Victor du Verne, né à la Baratte le 4 octobre 1836, épouse à Varennes-les-Nevers, le 17 avril 1866, Louise-Marie-Marguerite de Lenferna, fille de Jean-Dominique-Alexandre de Lenferna et de Madeleine-Victoire-Nathalie Vyau de Lagarde. Pas d'enfants. Meurt à Nevers le 21 février 1903.

De Lenferna, porte :
D'azur, à 3 losanges d'or,
posés 2 et 1.

XV

Louis du Verne, fils de Charles du Verne et de Charlotte Andras de Marcy, né à Nevers le 15 mars 1816, épouse à Nevers, le 4 décembre 1848, Marie-Anne Dauphin de Leyval, sa cousine germaine, née à Chevannes (commune de Coulanges-les-Nevers), le 25 juillet 1825, fille de feu Pierre-Félix-César-Robert Dauphin de Leyval et de feue dame Joséphine Andras de Marcy, qui lui apporta le château de Poiseux où il se fixa.

Louis du Verne était membre du Comité Royaliste du département de la Nièvre ; il meurt à Nevers, le 9 mars 1900, à l'âge de quatre-vingt-trois ans, ayant pour enfants :

Dauphin de Leyval, porte :
De gueules, à 1 dauphin
d'argent avisé, oreillé
et barbé d'azur.

16. Marie-Louise du Verne, née à Nevers le 3 octobre 1849, épouse à Nevers, le 8 janvier 1868, Henri-Alexandre Regnault de Savigny, âgé de vingt-six ans, fils de feu Charles Regnault de Savigny, ancien officier de cavalerie, et de dame Henriette-Monique-Emma de Moncorps, dont deux fils :

Louis Regnault de Savigny de Moncorps, épouse Madeleine de Goislard de Villebresme.

Et Antoine Regnault de Savigny de Moncorps.

Regnault de Savigny,
porte :
D'azur, à la gerbe d'argent.

16. Hélène du Verne, née à Nevers le 9 octobre 1850, épouse à Nevers, le 27 octobre 1873, Joseph-Justinien de Rémusat, âgé de vingt-huit ans, fils de Séraphin-Justinien de Rémusat et de dame Charlotte-Louise-Victorine d'Isoard de Chénerilles, dont :

Louise de Rémusat, mariée à Jean d'Avout, officier d'infanterie.

Gabriel de Rémusat.

Anne-Madeleine de Rémusat.

16. Marie-Berthe du Verne, née à Nevers le 18 juillet 1851, morte à Nevers le 12 mars 1853.

16. Charles-Joseph du Verne qui suit.

16. Marguerite du Verne, née à Nevers le 4 juin 1860, morte au château de Poiseux le 30 novembre 1875.

XVI

Charles-Joseph du Verne, fils de Louis du Verne et de Marie-Anne Dauphin de Leyval, né à Nevers le 15 juin 1853, élève de l'école militaire de Saint-Cyr, officier d'infanterie, capitaine de l'armée de réserve, attaché à l'état-major du 8e corps d'armée, maire de Poiseux, qu'il habite. Devenu chef de nom et armes par la mort de son père.

Rameau de la branche de Jailly, dit « du Verne de la Baratte. »

XV

Pierre, dit Jules du Verne de la Baratte, où il habite, fils de Charles du Verne et de Charlotte-Elisabeth Andras de Marcy, né à Nevers le 4 février 1818, épouse à Nevers, le 18 septembre 1854, Marie-Anna Tiersonnier, fille majeure de Benoît-Augustin-Casimir Tiersonnier, demeurant à La Grâce (commune de Gimouille), et de dame Marie-Léonard de Nourry. Il se fixa au château de la Baratte ; sa femme mourut à Nevers le 9 février 1902, et il mourut aussi dans cette ville le 20 décembre 1902, à l'âge de quatre-vingt-quatre ans.

Ils eurent pour enfants :

16. Auguste du Verne qui suit.

16. Louis du Verne, né à Nevers le 27 janvier 1857, élève de l'école militaire de Saint-Cyr, officier d'infanterie, capitaine de l'armée de réserve, épouse à Fareins (Ain), le 7 novembre 1892, Félicie-Cécile-Berthe-Marie Bouchet, fille de Claude-Marie-Albert Bouchet et de dame Marie Verrollot, dont :

Paul-Marie du Verne, né à La Praye le 2 octobre 1893.
Louis-Marie-Albert du Verne, né à La Praye le 20 novembre 1894.
Marie-Madeleine du Verne, née à La Praye le 23 mars 1896.
Jean-Marie-Guy du Verne, né à Jassans le 14 novembre 1898.
Marie-Jean-Baptiste du Verne, né à Jassans le 17 octobre 1903.

16. Georges du Verne, né à la Baratte le 5 novembre 1860, épouse, le 29 avril 1895, à Auxerre (Yonne), Thérèse-Marie-Adélaïde

Le Caruyer de Beauvais, âgée de vingt ans, fille de Jules-Emile Le Caruyer de Beauvais, ancien officier d'infanterie, et de Valentine-Henriette-Marie Timothée de Drouas, dont :

Huguette-Anne-Marie-Valentine du Verne, née à Nevers le 12 mars 1896.

Guillemette-Marie-Emilie-Anne-Thérèse du Verne, née à Nevers le 14 octobre 1898.

16. Henri du Verne, né à Nevers le 5 janvier 1867.

XVI

Auguste du Verne, fils aîné de Pierre, dit Jules du Verne de la Baratte, et Marie-Anna Tiersonnier, né à la Baratte le 14 octobre 1855, épouse à Roanne (Loire), le 6 mai 1884, Pauline-Jeanne-Marie-Cécile de Rollat La Rochelle, fille de Blaise-Alexandre-Eudoxe de Rollat La Rochelle et de dame Jeanne-Marie-Antoinette Pochain, dont :

Anne-Marie-Jeanne du Verne, née à Roanne le 25 mai 1885.

Marie-Antoinette du Verne, née à Roanne le 27 juin 1888.

Elisabeth-Pauline-Marie du Verne, née à Roanne le 10 janvier 1890.

Guillaume-Gustave du Verne, né à Nevers le 8 août 1896.

Rameau de la branche de Jailly, dit « du Verne du Veuillin. »

XIV

Pierre, dit Paulin du Verne, second fils de Louis-Gabriel-Charles-Claude du Verne et de Jeanne de Berthier, se fixa au Veuillin, propriété lui venant de sa mère; il y naquit le 19 juillet 1795, fut officier d'infanterie, et épousa, le 17 mai 1824, à Tintury (canton de Châtillon-en-Bazois), Rose-Charlotte Regnault de Touteuille, née le 18 septembre 1800 à Cronat-sur-Loire (Saône-et-Loire), fille de Joseph-Charles Regnault de Touteuille, ancien brigadier aux gendarmes de la garde du Roi, et de Françoise-Jeanne Jourdier.

Nommé, à la mort de son frère, correspondant de Mgr le comte de Chambord pour le département de la Nièvre, il mourut le 25 avril 1871, à Clermont-Ferrand (Puy-de-Dôme), où sa femme était décédée le 14 janvier précédent; les deux époux furent inhumés à Nevers le 7 avril 1871.

Les états de services, délivrés par le ministère de la guerre, sont: Duverne (Pierre), fils de Louis-Gabriel-Charles-Claude et de Jeanne de Berthier, né le 19 juillet 1795 à Apremont (Cher). Elève de l'école militaire de Saint-Cyr le 23 octobre 1812; sous-lieutenant au 1er régiment de voltigeurs de la Garde Impériale le 25 décembre 1813; garde du corps du Roi (compagnie de Grammont) le 22 juin 1814; licencié à Béthune le 27 mars 1815; lieutenant adjudant-major provisoire à la légion du Cher le 1er décembre 1815; confirmé par décision du 10 février 1816; capitaine adjudant-major le 30 septembre 1817; mis en congé illimité le 26 décembre 1820; démissionnaire le 11 septembre 1830. Campagne : 1814, France. Blessures : coup de feu à la cuisse gauche le 7 mars 1814, à Craonne.

Pierre, dit Paulin du Verne, et Rose-Charlotte Regnault de Touteuille eurent pour enfants :

15. Charles-Louis du Verne qui suit.

15. Edmond-Charles du Verne, né à Tintury le 30 avril 1832, mort au dit Tintury le 22 juin suivant.

XV

Aragonnès d'Orcet, porte :
De sable, à la fasce d'or, accompagnée en chef de 2 étoiles du même et en pointe d'un croissant d'argent.

(Bouillet dit que la fasce, les étoiles et le croissant sont d'argent.)

Charles-Louis du Verne, fils de Pierre, dit Paulin du Verne, et de Rose-Charlotte Regnault de Touteuille, né à Tintury le 7 septembre 1826, habitait le Veuillin. Il épousa, à Paris, le 7 janvier 1861, Claire-Clotilde-Louise-Marie Aragonnès d'Orcet, fille de Xavier-Hercule Aragonnès, vicomte d'Orcet, et de Victorine-Athénaïs de Cassagne de Beaufort de Miramon, née à Paulhac (Haute-Loire), le 20 décembre 1837, morte à Paris le 25 février 1887.

Fils d'un garde du corps du roi Louis XVIII qui, en 1815, fut mis à Nevers sous la surveillance de la police impériale, à cause de son dévouement au Roi qu'il servait, et qui brisa son épée en 1830 pour ne pas servir la Monarchie de Juillet, Charles-Louis du Verne, suivant les traditions paternelles, fut un des serviteurs dévoués de Mgr le comte de Chambord. Nommé par lui, en 1872, président du Comité royaliste du département de la Nièvre, il resta, à la mort du Roi, fidèle au principe héréditaire de la monarchie, qui n'admet comme roi que le premier né de la famille de Bourbon, c'est-à-dire le chef de la maison d'Anjou.

Charles-Louis du Verne et Claire-Clotilde-Louise-Marie Aragonnès d'Orcet eurent pour enfants :

16. Pierre-Charles-Marie du Verne, né au Veuillin le 21 octobre 1861, mort à Iseure (Allier), le 9 juillet 1874.

16. Paul-Louis-Marie du Verne, né au Veuillin le 11 juin 1863, mort au Veuillin le 7 février 1864 à l'âge de huit mois.

16. Charles-Joseph-Marie-Xavier du Verne, né au Veuillin le 13 janvier 1865, entré à l'école militaire de Saint-Cyr en 1883, capitaine au 95ᵉ régiment d'infanterie, épouse à Aubeterre, commune de Brout-Vernet (Allier), le 8 octobre 1889, Marie-Thérèse-Antoinette Jolly de Bussy, fille majeure de Jacques-François-Gustave Jolly de Bussy et de Madeleine-Jeanne-Suzanne de Laire, dont :

Jolly de Bussy, porte : D'azur, au chevron d'or surmonté d'un croissant d'argent, accompagné de 2 mouches également d'argent, et en pointe 1 pélican aussi d'argent.

Charlotte-Josèphe-Marie-Simonne du Verne, née à Blois le 27 janvier 1891, morte à Aubeterre le 12 juin 1891.

François-Joseph-Louis-Marie-Pierre du Verne, né à Bourges le 3 avril 1892.

Josèphe-Laure-Marie-Thérèse-Simonne du Verne, née à Bourges le 10 août 1893.

Joseph-Marie-René-Roger du Verne, né à Bourges le 30 mars 1896.

Louise-Marguerite-Marie-Josèphe, née au Veuillin le 3 octobre 1897.

Alfred-François-Louis du Verne, né au Veuillin le 27 août 1900.

16. Marie-Thérèse-Charlotte-Elisabeth du Verne, née au Veuillin le 15 octobre 1871, épouse à Nevers, le 16 novembre 1898, Henri-César-Edouard Machard de Chillaz, âgé de trente-cinq ans, fils de Louis-Marie-Joseph Machard de Chillaz et de Caroline-Delphine-Emilie-Georgine-Jeanne-Marie de Villé, demeurant au château de la Charniaz, commune de Bonne-sur-Menoge (Haute-Savoie), dont :

De Chillaz, porte : D'argent, à 3 pals de gueules, au champ d'azur, chargé de 2 lions issants, affrontés d'or.

Charles-Marie-Henri-Laurent de Chillaz, né à Paris le 10 août 1899.

16. Louise-Charlotte-Marie du Verne, née à Nevers le 25 janvier 1876, épouse à Nevers, le 24 juin 1901, Louis-Marie, vicomte du Pontavice, âgé de vingt-cinq ans, fils de Louis, comte du Pontavice, et de Louise de Malortie, demeurant au château de Malortie, commune de Saint-Loup-du-Gast (Mayenne), dont :

Du Pontavice, porte : D'argent, à un pont de 3 arches de gueules, maçonné de sable.

Louis-Charles-Marie-Antoine du Pontavice, né le 6 mai 1902 au château de Thuré, commune de Bazouge-des-Alleux.

Guillaume-Louis-Charles-Marie-Auguste du Pontavice, né aussi à Thuré, le 29 avril 1903.

Rameau de la branche de Jailly, dit « des seigneurs de Lanty et de Montanteaume. »

XII

Paul du Verne, écuyer, s^{gr} de Jailly en partie, et par son mariage de Lanty et de Montanteaume, frère de Thomas du Verne, s^{gr} d'Orgues et de Semelins, était le fils cadet de Louis-Anne du Verne et d'Anne des Manchins. Il naquit le 25 mai 1721 à Jailly, et fut baptisé le 31 de ce mois; parrain, Paul de Charry, s^{gr} de Giverdy; marraine, Catherine Tricaut. Lieutenant d'infanterie au régiment du Rouergue, il mourut le 17 septembre 1783 à Lanty, et y fut inhumé le lendemain à l'âge de soixante-cinq ans environ.

Par contrat du 21 février 1751, passé à Orgues, et à l'église de Mingot le 23 du même mois, il épousa Marie-Thérèse Méchine, sœur de sa belle-sœur,

Méchine, porte :
De gueules, à 1 lion d'or ou de sinople et à 3 têtes de léopards d'or.

baptisée à Mingot le 5 avril 1733, fille mineure de feu messire Jacques Méchine, s^{gr} d'Armeville (Loiret), de Montanteaume et de Lanty, chevalier de Saint-Louis et ancien capitaine au régiment de la Sarre-infanterie, et de Luce-Charlotte Fontana. Paul du Verne n'a plus ses père et mère et se dit s^{gr} de Jailly en partie dont il possède le château; son frère Thomas est présent au mariage avec sa femme, Marie Méchine, et sont aussi présents : dame Marie-Charlotte Coquille, épouse de Jean-Baptiste de Lavenne, écuyer, s^{gr} de Marcenay, cousine germaine de la future, et demoiselle Claire Coquille des Carres, demeurant à Saint-Saulge.

Paul du Verne, émancipé sous messire Goujon de Vernisy, produit le 11 décembre 1743, avec ses frères et sœurs, contre sa mère. Il est assigné le 25 juillet 1750, avec son frère Thomas, comme héritier de François-Gabriel du Verne, prieur de Jailly; il assiste, le 9 février 1751, au mariage de son frère Thomas, dont le contrat s'était passé le 6 janvier précédent; il fait, le 5 février 1753, une constitution de rente au moulin de Jailly; et le 23 mai 1761, une autre constitution de rente à Simon Pinault, prêtre-curé de

Jailly. Le 23 août 1771, il vend à Jean-Jacques-Pierre de Saint-Cy, le fief de Jailly; le 21 juillet 1772, il plaide avec Jean-Charles Amiot, au sujet de la constitution de rente du 9 mai 1753, faite par sa belle-mère; et le 28 avril 1779, il fait un retrait lignager à Jailly.

De concert avec les enfants de son frère Thomas qui était mort, il fait établir, par Claude Coquille, les comptes de la succession de Charlotte-Luce Fontana, sa belle-mère, le 25 février 1780; puis le 1er août de cette même année, conjointement avec ses dits neveux et nièces, il fait une reconnaissance de rente à Sébastien Pellé. La veuve de Paul mourut le 1er décembre 1787; le 2 avril 1786, elle avait fait une constitution de rente en faveur de sa fille, Rose-Laurence, et le 12 avril, la même année, elle avait partagé Orgues avec ses neveux et nièces.

Paul du Verne et Marie-Thérèse Méchine eurent pour enfants :

13. Luce-Charlotte *alias* Lotte-Thomassine du Verne, baptisée à Mingot le 4 février 1753, née le 3; parrain, messire Thomas du Verne, oncle paternel; marraine, dame Luce-Charlotte Fontana, grand'mère maternelle; on la voit faire, le 26 mars 1788, avec ses frères et sœurs, un bail à Lanty. Arrêtée à la Révolution, elle fut jugée et condamnée à mort par le tribunal révolutionnaire, à Paris, le 16 floréal an II (5 mai 1794). Ses biens furent confisqués; aussi, le 7 juin 1796, quand on fit le partage des biens de la succession de ses père et mère, on fit un lot pour elle que la République s'adjugea; ce fut le sixième lot.

13. Louis-François-Charles-Augustin du Verne, baptisé à Mingot le 7 avril 1754, né de la veille; parrain, Charles Coquille de Verpilleux; marraine, Françoise-Constance-Rose du Verne, abbesse de l'ordre de Sainte-Claire de Moulins, en Bourbonnais. Inhumé dans l'église prieuriale de Jailly le 21 avril 1754, décédé de la veille, à l'âge de quinze jours.

13. Charlotte-Laurence-Marie-Claire *alias* Rose-Laurence-Charlotte, baptisée à Mingot le 23 septembre 1756, née de la veille; parrain, Laurent du Verne de Presles, sgr de Giverdy; marraine, Charlotte-Marie-Claire Méchine. Charlotte-Laurence est religieuse au Réconfort le 2 avril 1786; aussi, dans le partage du 7 juin 1796, si on lui fit un lot, ce lot fut pris par l'Etat.

13. Marie-Anne-Françoise du Verne, baptisée à Mingot le 7 août 1757, née ce jour; parrain, messire François de Courvol; marraine, Marie Méchine, dame de Jailly; inhumée à Jailly le 21 septembre 1758, décédée de la veille, âgée de treize mois.

13. Paul-Henri *alias* Paul-Marie-Henri-Alexandre du Verne, baptisé à Jailly le 16 juillet 1759, né de la veille; parrain, Paul de Charry, s^{gr} de Fourvieil; marraine, demoiselle Marie-Madeleine d'Estutt. Entre au service et meurt à Lanty où il fut inhumé le 10 octobre 1791, mort la veille. Il représente sa mère dans le partage d'Orgues du 12 avril 1786, et paraît dans la ferme du 29 mars 1788, à Lanty. Mort avant la Révolution de 1793, ses frères et sœurs héritèrent de lui; aussi, dans le partage du 7 juin 1796 on lui attribua le septième lot que l'on partagea entre les co-héritiers et l'Etat.

Les états de services de Paul-Marie-Alexandre, délivrés par le ministère de la guerre, sont : Duverne de Jailly (Paul-Henri ou Paul-Marie), né le 16 juillet 1759 à Jailly (Nivernais); cadet gentilhomme au régiment de Beaujolais (74e régiment d'infanterie), le 6 juin 1776; sous-lieutenant le 24 mars 1779; sous-lieutenant de chasseurs le 14 février 1783; lieutenant en second le 18 octobre 1785; lieutenant en premier le 1er septembre 1788; mort le 9 octobre 1791.

13. Jean-Charles-Eléonor *alias* Léonard du Verne, 'dit le chevalier de Jailly, baptisé à Jailly le 10 octobre 1760, né le 9; parrain, Jean-Charles-Eléonor du Verne; marraine, dame Luce-Charlotte du Verne. Est mentionné dans la ferme du 29 mars 1788, à Lanty. Il émigra et fut tué ou noyé à Quiberon le 21 juillet 1795, et est inscrit sur le monument de la chapelle expiatoire d'Auray : chevalier du Verne.

Ses états de services, délivrés par le ministère de la guerre, sont : Soldat au régiment d'infanterie de Beaujolais le 26 août 1778; cadet gentilhomme le 22 juin 1779; sous-lieutenant le 30 avril 1781; lieutenant en second le 9 mars 1788; a abandonné le 18 avril 1791.

13. Françoise-Anne du Verne, baptisée à Jailly le 5 mai 1762, née ce jour; parrain, messire François du Verne de La Varenne, chevalier de Saint-Louis; marraine, Anne-Philippine du Verne de La Varenne. Morte avant 1788.

13. Jeanne-Madeleine-Cécile du Verne, baptisée à Jailly le 25 juin 1763, née de la veille; parrain, Paul-Henri-Alexandre du Verne de Jailly; marraine, Madeleine-Cécile de Montanteaume. Jeanne-Madeleine mourut à l'âge de soixante-dix ans, à Luzy, le 15 novembre 1833. Dans le partage du 7 juin 1796, elle a un lot, le. . . . .; mais comme elle était ursuline ce lot ne lui fut pas donné, l'Etat se l'attribua.

13. Jean-François-Gabriel-Achille du Verne, baptisé à Jailly le 14 novembre 1764; parrain, Jean-François de Bréchard, s^{gr} de Brinay; marraine, Marie-Gabrielle Carpentier, dame de Saint-Martin et de Sainte-Marie. Servit; le 29 mars 1788, alors en garnison à Vico, il donna procuration pour la ferme des domaines de Lanty et de Montanteaume à ses frères, Paul-Marie-Alexandre, Paul-Charles-Claude, Louis-Vincent-Paul-François, Jean-Charles-Eléonor-Laurent, et à sa sœur, Luce-Marie-Caroline, qui ont aussi la procuration de Jean-Charles-Eléonor, en garnison à Dunkerque, et de Charlotte-Thérèse du Verne.

Jean-François-Gabriel-Achille émigra; il est sur la liste des émigrés du 20 août 1792, fut pris à Quiberon et condamné à mort à Auray et fusillé le 13 thermidor an III (31 juillet 1795); il est inscrit sur le monument de la chapelle expiatoire d'Auray : du Verne de Lanty (Jean-François-Gabriel-Achille.)

Ses états de services, délivrés par le ministère de la guerre, sont : Du Verne de Jailly (Jean-François-Gabriel-Achille), né le 14 novembre 1764; cadet gentilhomme au régiment d'infanterie de Limousin (42e régiment), le 31 janvier 1780; sous-lieutenant le 18 juin 1780; lieutenant en second le 15 décembre 1786; remplacé le 10 septembre 1792, ayant été nommé à une compagnie du 55e régiment d'infanterie qu'il n'a pas rejoint.

Leblanc, porte :
D'azur, au chevron d'or, accompagné en chef de 2 étoiles du même et en pointe d'un cygne d'argent nageant sur des ondes de même.

13. Thérèse-Charlotte du Verne, baptisée à Jailly le 10 avril 1766, née le 8; parrain, Guillaume-Antoine Du Broc, s^{gr} de Chabet; marraine, dame Charlotte. Coquille de Lavenne. Epouse à Nevers, le 6 nivôse an II (26 décembre 1793), à l'âge de vingt-sept ans, Etienne-Gabriel Leblanc, âgé de vingt-cinq ans, secrétaire du Comité de surveillance, fils de feu Pierre Leblanc et de Jeanne Jacquinot. Thérèse-Charlotte du Verne avait, le 29 mars 1788, fait par procuration un bail à Lanty avec ses frères et sœurs. Le

23 mars 1795, son mari demande en son nom le partage des biens de la succession des père et mère de sa femme qui se fit au district de Moulins-Engilbert le 7 juin 1796; Thérèse-Charlotte eut le huitième lot. En 1800, on a une quittance des Domaines pour elle femme Leblanc et ses sœurs, Jeanne-Madeleine-Cécile et Rose-Charlotte du Verne. Thérèse-Charlotte étant veuve de Etienne-Gabriel Leblanc, épousa en deuxièmes noces, le 18 février 1805, Louis-François-Fortuné Gourjon, ancien notaire, et mourut à Venille (commune de Saint-Eloi), le 13 avril 1832, âgée de soixante-six ans environ.

13. Paul-Charles-Claude du Verne, baptisé à Jailly le 25 septembre 1767; parrain, Claude Coquille; marraine, demoiselle Luce-Marie-Pauline-Charlotte du Verne. Paraît dans l'acte du 29 mars 1788; émigra, fut officier au régiment de Barrois et mourut en émigration à l'armée des Princes.

13. Louis-Vincent-Paul-François *alias* Louis-François-Vincent du Verne, baptisé à Jailly le 18 janvier 1769, né le 15; parrain, Vincent Millot; marraine, Jeanne Lagrange. Paraît dans la ferme du domaine de Lanty du 29 mars 1788. Officier au régiment de Barrois, il servit dans l'armée des Princes depuis le 8 février 1792 jusqu'au 10 mars 1801, époque à laquelle M⁹ʳ le prince de Condé lui fait délivrer un certificat constatant qu'il a servi sans interruption sous ses ordres comme sous-lieutenant d'infanterie noble à pied de la compagnie n° 6, qu'il s'est trouvé à toutes les affaires qui ont eu lieu à l'armée et qu'il s'est conduit avec honneur, se distinguant par son zèle, son courage et sa bonne volonté. Rentré en France, Louis-Vincent-Paul-François, fut chevalier de Saint-Louis, maire d'Avrée où était situé Lanty, et mourut le 18 juillet 1843, à Montanteaume (commune de Rémilly) qu'il habitait.

Le 8 juin 1830, il avait demandé tant en son nom qu'au nom de ses sœurs, Jeanne-Madeleine-Cécile du Verne, habitant Luzy, et Thérèse-Charlotte du Verne, veuve d'Etienne Leblanc, remariée à Louis-Francois-Fortuné Gourjon, habitant Nevers, au tribunal de Château-Chinon, le partage de la succession de ses frères, Jean-Charles-Eléonor, officier au régiment de Beaujolais, Jean-François-Gabriel-Achille, officier au régiment de Limousin; Paul-Charles-Claude, officier au régiment de Barrois et Jean-Charles-Eléonor-Laurent du Verne, aussi officier au régiment de Barrois, absents depuis plus de trente ans.

13. Jean-Charles-Léonard-Laurent *alias* Jean-Charles du Verne, baptisé à Jailly le 30 août 1771 ; parrain, Jean-Charles-Léonard du Verne, son frère ; marraine, demoiselle Laurence-Marie-Claire-Charlotte-Rose du Verne. Paraît dans la ferme du 29 mars 1788 avec ses frères et sœurs. Fusilier au 91ᵉ régiment d'infanterie, il émigra comme ses frères et fut porté sur la liste des émigrés du 20 août 1792. Mentionné dans le jugement condamnant sa sœur à mort, le 16 floréal an II, il était officier à l'armée des Princes dans le régiment de Barrois ; mais il finit par rentrer en France car on le retrouve, le 20 prairial an X (19 juin 1802), à Morlaix, comme sergent attaché au dépôt de la Légion expéditionnaire de cette ville.

Le lieu et l'époque de sa mort sont inconnues.

Eteints.

Rameau de la branche de Jailly, dit des « seigneurs de Giverdy et de Presles. »

X

François du Verne, écuyer, s^{gr} de Jailly en partie, de la Chaume, de la Ronde en partie, de Giverdy et de Presles, troisième fils d'Antoine du Verne et de Françoise du Lys, baptisé à. . . . . en 1649, fut officier au régiment de Laigny (voir congé du 23 février 1670). Mort avant 1715, se maria deux fois : 1° suivant contrat du 21 juin 1682, passé à Giverdy, n'ayant plus que sa mère, à Anne de Charry, fille de défunts Claude de Charry, chevalier, s^{gr} de Giverdy en partie, et de dame Eléonore de Chargère, sous la tutelle de son oncle, Laurent de Charry, s^{gr} de la Mothe et de Giverdy, dont il eut deux enfants, Laurent et Arnaud du Verne ; 2° suivant contrat du 30 janvier 1690, passé à Nevers, à Louise-Edmée-Charlotte de Troussebois, sœur de Jean de Troussebois, s^{gr} de Passy, dont une fille, Jeanne du Verne, née le 2 février 1694, et qui n'existe plus en 1715.

François mourut avant sa seconde femme que l'on voit veuve faisant un sous-seing de partage avec ses beaux-enfants le 6 mai 1715, et dont les armes sont indiquées le 21 janvier 1715 (se trouve dans l'*Armorial général* de d'Hozier.) Le 5 mai 1674, François partage avec ses frères et sœurs ; le 24 mai il est présent au mariage de son frère, Laurent, avec Louise de Bongars, et le 8 novembre, toujours de la dite année, il est à la montre du Nivernais ; le 26 janvier 1676, il est porté dans la transaction des bois de Poincy ; le 15 septembre 1679, il fait un échange avec François Théveneau ; le 10 décembre 1683, il vend au même Théveneau des héritages à Jailly ; le 25 janvier 1684,

Charry, porte :
D'azur, à la croix ancrée d'argent.

Troussebois, porte :
D'or, à 1 fagot de gueules, posé en pal.

il fait hommage pour Giverdy à Laurent du Verne, son frère, s^{gr} de Jailly; le 15 janvier 1687, il vend à ce dit frère des droits à Jailly; le 2 avril 1690, il est convoqué pour l'arrière-ban de Nivernais; en 1697, il paie des droits d'armoiries, et le 18 octobre 1699, il achète des biens de Jean Ramonnet.

Le 29 novembre 1701, il partage avec ses co-héritiers l'héritage d'Eustache du Verne, s^{gr} de Jailly, son frère; sa belle-sœur, Louise de Bongars, lui vend, le 26 février 1702, certains biens à Jailly, et le 10 avril de cette année, il obtient sentence en sa faveur contre Léonard du Verne, s^{gr} de La Varenne. Le 23 août 1702, il achète encore le moulin de Jailly de son neveu, Louis-Anne du Verne et le 23 janvier 1704, divers héritages du même; enfin le 16 février 1705, il fait une nouvelle acquisition de son autre neveu, Thomas du Verne du Montot, puis le 24 septembre 1708, il donne procuration à Arnaud du Verne, s^{gr} de Breton, son frère, pour le mariage de son fils, Laurent, avec Marie-Thérèse Briçonnet, et il paraît dans la reconnaissance d'héritages du 26 août 1711; on le voit, le 28 août 1712, parrain de sa petite-fille, Marie-Anne-Françoise du Verne, et le 21 août 1714, il transige, de concert avec François du Verne, s^{gr} de Marancy, Anne des Manchins, femme de Louis-Anne du Verne, s^{gr} de Jailly, avec Anne-Achille Rapine et Esmée Bezave, sa femme.

François du Verne et Anne de Charry eurent pour enfants :

11. Laurent du Verne qui suit.

11. Arnault du Verne, écuyer, s^{gr} de la Chaume, né en 1686, mort le 3 mars 1731; paraît dans le sous-seing passé le 6 mai 1715 entre lui, son frère Laurent et sa belle-mère, Louise-Edmée-Charlotte de Troussebois; le 24 avril 1720, il transige, de concert avec son frère et son oncle, Arnault du Verne, s^{gr} de Breton, avec les religieuses de la Visitation de Nevers; le 28 novembre 1721, il figure avec son frère dans la déclaration de la tutelle des enfants d'Eustache de Lichy. Enfin, le dit Arnault fait, le 28 janvier 1726, donation à son dit frère, Laurent, de tous ses biens, moyennant une pension viagère qu'il lui recède le 11 octobre 1728.

XI

Laurent du Verne, écuyer, s^{gr} de Giverdy et de Presles, fils de François du Verne et de sa première femme, Anne de Charry, né le 2 juillet 1684, fut inhumé le 17 mai 1742, âgé d'environ cinquante-six ans, dans l'église de Giverdy, étant veuf de Marie-Thérèse Briçonnet, inhumée elle aussi, dans l'église de Giverdy le 25 avril 1735. Laurent du Verne avait épousé, suivant contrat du 24 septembre 1708, à Poiseux, la dite Marie-Thérèse Briçonnet,

Briçonnet, porte :
D'azur, à 1 bande compon-
née d'or et de gueules de
5 pièces, le second com-
pon, chargé d'une étoile
aussi d'or et accompa-
gnée en chef d'une autre
étoile de même accolée
d'argent, à 3 sangsues
de sable.

fille de feu Antoine Briçonnet, chevalier, s^{gr} baron de Poiseux, et de défunte dame Anne-Marie du Lys, ses père et mère ; la dite Anne-Marie du Lys avait épousé en deuxièmes noces messire Samuel de la Ferté-Meun, qui, quoique ayant perdu sa femme, continue à habiter Poiseux et autorise sa belle-fille. Le futur est assisté d'Arnault du Verne, s^{gr} de Breton, qui a la procuration de son frère, François du Verne, père du futur. Le mariage se célébra le 24 septembre 1708 dans l'église de Poiseux. Laurent du Verne figure avec Arnault du Verne, s^{gr} de la Chaume, son frère, dans le sous-seing de 1715, fait avec Louise-Edmée-Charlotte de Troussebois, leur belle-mère.

Le 2 avril 1716, sa femme, Marie-Thérèse Briçonnet, renonce à la succession de sa mère ; il transige, de concert avec son frère, Arnault du Verne, s^{gr} de la Chaume, et son oncle, Arnault du Verne, s^{gr} de Breton, avec les religieuses de la Visitation de Nevers le 24 avril 1720 ; le 28 novembre 1721, il figure avec son frère, Arnault, dans la déclaration de tutelle des enfants d'Eustache de Lichy ; le 28 janvier 1726, il reçoit de son frère donation de la nue-propriété de ses biens, et même de leur usufruit le 11 octobre 1728 ; le 3 avril 1728, il achète une vigne de Paul de Charry ; le 22 juillet 1729, il reçoit de François du Verne, s^{gr} de La Varenne, la reconnaissance de droits d'usage dans les bois de Giverdy ; le 12 septembre 1732, il fait enregistrer des donations à lui faites le 19 juin 1731, par son oncle, s^{gr} de Breton et de la Ronde ; le 30 août 1733, il reconnaît à dame Marie Save, divers héritages sis à Jailly ; le 21 octobre 1734, il plaide avec Thomas du Verne, s^{gr} de Jailly, et le 7 juin 1735, Marie-Thérèse Briçonnet, sa femme, étant morte le 25 avril 1735, il est nommé tuteur de ses enfants mineurs. A ce titre, on le trouve dans les années 1734, 1735, 1736 et 1737, plaidant contre son cousin, Louis-Thomas du Verne, s^{gr} de Jailly, et il est parrain, le 21 juin 1739, à Saint-Franchy, de Laurent-Louis de Borniol, fils d'Edme de Borniol et de Marie-Rose Berthier du Veuillin.

Laurent du Verne et Marie-Thérèse Briçonnet eurent pour enfants :

12. N. . . . . de Prailes, ainsi seulement désigné dans sa commission de lieutenant au régiment de Rouergue, compagnie de Saint-Phalle, signée du Roi le 15 octobre 1735. Mort au service du Roi avant 1738.

De Nourry, porte :
D'azur, au sautoir d'or,
cantonné de 4 couron-
nes à l'antique.

12. Marie-Anne-Françoise du Verne, baptisée à Giverdy (commune de Sainte-Marie de Flageolle), le 28 août 1712; parrain, François du Verne; marraine, Anne Briçonnet. Cette Marie-Anne épousa le. . . . . N. . . . . de Nourry.

De Veilhan, porte :
D'azur, au ray d'escar-
boucle pommeté
et fleurdelysé d'or
de 8 pièces.

12. Marguerite-Thérèse du Verne, baptisée à Giverdy le 3 octobre 1713, née et ondoyée le 3 juin d'avant; parrain, messire Arnault du Verne; marraine, Marguerite-Thérèse Briçonnet. Epouse, le 26 février 1732, à Giverdy, Philippe de Veilhan, écuyer, un des deux cents chevau-légers de la garde du Roi, fils de défunt Philippe de Veilhan et de dame Marie-Anne des Ulmes, qui se fait représenter au mariage de son fils par messire Philippe du Pin, chevalier de Saint-Louis. Marguerite-Thérèse fut inhumée à Jailly le 25 mars 1747, morte de la veille. Son mari mourut le 28 octobre 1750.

12. François-Laurent-Annet du Verne, baptisé à Giverdy le 27 avril 1715, inhumé au même lieu le 1er juillet 1721.

12. Michel-François-Aimé du Verne, né à Giverdy le 29 septembre 1716, ondoyé le 2 octobre; parrain, François de Sainte-Marie, archidiacre de la cathédrale de Nevers; marraine, Marguerite Briçonnet. Inhumé à Giverdy le 1er mars 1717.

Cotignon, porte :
D'azur, au sautoir d'or,
accompagné en chef
d'une molette du même.

12. Marguerite-Henriette du Verne, baptisée à Giverdy le 30 janvier 1721; parrain, messire Henri de Simphal, frère novice de Saint-Jean de Jérusalem; marraine, Marguerite de Cotignon. Est marraine le 6 décembre 1733, de sa nièce, Marguerite-Charlotte de Veilhan; elle épouse à Giverdy, le 8 février 1746, Paul-Joseph de Cotignon, chevalier, fils de messire Christophe de Cotignon, chevalier, sgr de Fauminard et du Briou, et de dame

Catherine Guyot, sa femme. Laurent du Verne et sa femme sont morts et le curateur de leur fille qui l'assiste à son mariage est Gabriel de Lavenne, s^{gr} d'Olcy.

12. Barthélemy-Anne du Verne, baptisé à Giverdy le 24 mars 1723, né la veille; parrain, Barthélemy Lempereur de la Noye; marraine, Anne du Verne. Mort le 5 mai 1724, âgé d'un an et deux mois.

12. Laurent-Dominique du Verne qui suit.

XII

Laurent-Dominique du Verne, écuyer, s^{gr} de Giverdy et de Presles, fils de Laurent du Verne et de Marie-Thérèse Briçonnet, né le 29 mai, baptisé à Giverdy le 31 mai 1725; parrain, Nicolas-Dominique Hubert, bourgeois de Paris; marraine, dame Anne des Manchins. Fut garde du corps du Roi, compagnie de Noailles, et mourut à Giverdy où il fut inhumé dans l'église le 18 août 1776, âgé de cinquante et un ans.

Etant majeur de vingt-cinq ans (ses père et mère sont morts), et demeurant à Saint-Saulge, suivant contrat du 23 juillet 1751, il épouse Catherine-Françoise Millot de Montjardin, fille de défunt Millot de Montjardin, président-trésorier de France, et de Madeleine Gascoing, qui est présente au mariage.

Millot de Montjardin, porte :
D'azur, à la foi d'argent, surmontée d'un cœur enflammé d'or.

Le contrat est passé à Saint-Saulge, pardevant Pinault et Coquille, notaires. Le mariage fut célébré le 13 août 1751, à Cercy-la-Tour.

Le 26 août 1739, Laurent-Dominique assiste avec son père, Laurent du Verne, à l'inhumation de Louise de Blosset; le 6 mai 1742, son dit père teste en sa faveur; le 18 août 1750, il assiste à l'inhumation de sa tante, Marguerite Briçonnet; le 24 janvier 1767, il reçoit une quittance à son profit; le 30 juin 1773, il assiste avec sa femme, à Montaron, au mariage de Pierre-Etienne Bruneau de Vitry avec Gabrielle de Reughy. En 1775, il reçoit, à Saint-Saulge, une reconnaissance de rente, et le 7 août 1776, il donne le dénombrement du quart de Giverdy et de la Chatonnière. Le 7 septembre 1776, Catherine-Françoise Millot est veuve, elle adresse à cette date une requête pour la tutelle de ses enfants mineurs; le 6 novembre 1778, elle achète des

14

biens de Pierre Lariche; en 1780, 1781 et 1782, elle donne un dénombrement et fait une déclaration pour la succession de son mari au nom de ses enfants mineurs, et le 2 septembre 1798 (16 fructidor an VI), elle dut adresser une pétition aux administrateurs du département de la Nièvre pour obtenir la liquidation de son douaire et de ses droits sur les biens de ses enfants alors mis sous sequestre comme biens d'émigrés et de religieuses.

Catherine-Françoise mourut à Saint-Saulge le 30 mars 1815, à l'âge de quatre-vingt-sept ans.

Laurent-Dominique du Verne et Catherine-Françoise Millot de Montjardin eurent pour enfants :

13. Madeleine-Phal du Verne, née le 11 janvier 1753, épousa François de Chazal, s⁣ᵍʳ de Villeneuve-les-Bonny (Loiret), et mourut sans postérité le 4 février 1809, à Paris où elle habitait, à l'âge de cinquante-

De Chazal, porte :
De gueules ou sautoir d'or.

cinq ans. En brumaire 1797, elle vint à Nevers pour le partage des biens de sa famille, mis sous sequestre, entre elle, ses sœurs et la République représentant ses frères émigrés. Le partage se fit le 19 ventôse an VI. L'Etat revendit, le 29 germinal suivant, par adjudication, les portions qu'il s'était fait attribuer, et Madeleine-Phal et ses dites sœurs rachetèrent les dites portions qu'elles affermèrent, le 3 vendémiaire an VII, à Gilbert Torterat. Dans ces différentes affaires paraissent seulement avec Madeleine-Phal, Marie-Gabrielle-Philippine, Anne-Marie-Madeleine et Marguerite-Henriette; Eugénie-Gilberte étant religieuse n'avait rien à y prétendre en effet.

Les 10 et 26 fructidor an XI (28 août et 13 septembre 1803), Madeleine-Phal et son mari achetèrent à leurs sœurs et belles-sœurs leurs droits sur Giverdy, et ils revendirent cette terre le 8 ventôse an XII (28 février 1804), à Thomas-Laurent-Madeleine du Verne, qui lui aussi finit par s'en défaire.

13. Marguerite - Henriette du Verne, baptisée le 20 juin 1754 à Giverdy; parrain, Pierre-Henri Millot de Montjardin, curé de Mingot; marraine, dame Marguerite-Henriette de Cotignon. Meurt sans alliance à La Charité-sur-Loire le 13 juin 1819, à soixante-cinq ans; elle était directrice du bureau de poste que le roi Louis XVIII lui avait donné à la Restauration. Le 18 juin 1791, on la voit recevoir une rente de pension viagère, moitié d'un billet dont l'autre moitié appartient à son frère, Louis-Gabriel-Alexandre du

Verne. Elle paraît avec ses sœurs dans le partage du 19 ventôse an VI (9 mars 1798), qu'elles font avec l'Etat représentant ses frères émigrés, dont les biens étaient confisqués par lui. La même année, le 29 germinal (18 avril), l'Etat vendant les dits biens confisqués, toutes les sœurs les achetèrent, et le 3 vendémiaire an VII (24 septembre 1798), elles font toutes ensemble le bail de leur propriété à Gilbert Torterat.

Enfin les 10 et 28 fructidor an XI (28 août et 13 septembre 1803), elle vend tous ses droits sur Giverdy à sa sœur, Madeleine-Phal, et à son mari François de Chazal.

13. Eugénie-Gilberte-Josèphe du Verne, née le 19 février 1756, baptisée le 28 à Giverdy; parrain, Paul-Joseph de Cotignon; marraine, dame Eugénie de Juvigny. Mourut à Nevers, le 20 avril 1841, à l'âge de quatre-vingt-cinq ans. Elle était religieuse bénédictine et comme telle ne paraît pas dans les actes de partages et autres. L'Etat qui l'avait chassée de son couvent lui faisait une pension de 700¹ par an. Elle avait fait profession en 1777. On la voit, au 1ᵉʳ mai 1825, paraître avec son frère, Thomas-Laurent-Madeleine, et ses sœurs, Anne-Marie, Marie-Gabrielle-Philippine et Marie-Anne-Madeleine, pour toucher la part qui lui revient dans l'indemnité des émigrés.

13. Gabrielle du Verne, baptisée à Mingot le 15 février 1757 et inhumée le 24, morte la veille, âgée de huit jours.

13. Louis-Alexandre-Gabriel du Verne, né le 7 janvier 1758 à Giverdy et ondoyé ce jour, fut baptisé à Giverdy le 7 novembre 1758; parrain, Louis-Alexandre de Nourry; marraine, dame Gabrielle Millot de Montjardin de Reugny. Il fut, en 1773, reçu aux pages de Mᵍʳ le comte d'Artois, qu'il ne quitta jamais, et mourut aux Tuileries à l'âge de cinquante-sept ans, le 3 février 1815, étant écuyer-commandant du Prince. Le 30 juin 1773, il avait assisté au mariage de Pierre-Etienne Bruneau de Vitry avec Gabrielle de Reugny, et avait paru dans l'acte de constitution de rente du 1ᵉʳ janvier 1785.

Il fut convoqué à Nevers, le 14 mars 1789, lors de la réunion des membres de la Noblesse pour l'élection des députés aux Etats généraux, se fit remplacer par son frère, Thomas-Laurent-Madeleine du Verne.

Ses états de services, délivrés par le ministère de la guerre, sont : Duverne (Louis-Alexandre-Gabriel), né le 7 janvier 1758. Entré aux pages du comte d'Artois en 1773; premier page (sans date); commissionné capitaine attaché au régiment d'Artois le 3 juin 1779; émigra en 1791. Campagnes : 1782, Gibraltar. Services en émigration : a servi de 1792 à 1795 auprès du comte d'Artois. (Sans renseignements ultérieurs.) Décoration : chevalier de Saint-Louis en 1796.

13. Louis-Marie du Verne, né à Giverdy le 5 juillet 1760, baptisé le 7; parrain, Louis-François-Etienne de Damas; marraine, Marie-Thérèse de Damas. Mourut en émigration à Gratz (Styrie), le 16 novembre 1813.

Chargé de la procuration de sa mère, il assiste, le 8 janvier 1787, au mariage de sa sœur avec Alexandre de Courvol, et le 29 octobre 1788, il est envoyé de Bonifacio (Corse) à Porto-Vecchio.

Ses états de services, délivrés par le ministère de la guerre, sont : Duverne de Praille (Louis-Marie), né le 5 juillet 1760 à Saint-Benigne-des-Bois (diocèse de Nevers); cadet gentilhomme au régiment de Limousin le 6 juin 1776; sous-lieutenant le 18 avril 1779; lieutenant en second le 26 août 1783; lieutenant en premier le 22 janvier 1788; capitaine au 51e régiment d'infanterie de la Sarre le 12 janvier 1792; a abandonné le 10 mars 1792. Services en émigration : a fait la campagne de 1792 à l'armée des Princes, dans la compagnie des officiers des régiments de Barrois et de Limousin; sous-lieutenant au régiment de Montmorency en 1794; passé en 1795 comme lieutenant au régiment de Dillon où il a fait les campagnes de 1795 à 1798 en Corse, en Italie et en Portugal. (Sans renseignements ultérieurs). Décoration : chevalier de Saint-Louis le 15 août 1799.

13. Thomas-Laurent-Madeleine du Verne, lieutenant de vaisseau, né le 21 juin 1763, baptisé le 24 à Giverdy ; parrain, messire Thomas du Verne; marraine, Madeleine de Chauvance. Mourut au château de Maubranches (Cher), le 13 décembre 1844, à l'âge de quatre-vingt-deux ans, et fut inhumé à Moulin-sur-Yèvre, sa paroisse. Il était entré à l'école militaire le 28 septembre 1772 et sorti dans la marine royale en 1778. On le voit à Nevers et à Saint-Pierre-le-Moûtier convoqué le 14 mars 1789 pour l'élection des députés aux Etats généraux.

Emigré, il est inscrit comme tel sur les listes des 25 juin 1792 et 27 janvier 1793. Chargé de missions dans l'Ouest, la Bretagne et la Normandie, près des divers chefs des armées royalistes, il est l'un des directeurs de l'agence royaliste de Paris qui, désorganisée une première fois par l'arrestation et condamnation de Le Maître le 13 vendémiaire an IV (5 octobre 1795), fut reconstituée dès le mois de février 1796.

Compromis sur la dénonciation du chef de brigade Malo, qui avait su capter sa confiance, il fut arrêté, sous le nom de Théodore Dunan, le 30 janvier 1797, avec l'abbé Brottier, Berthelot de La Villeheurnois et Poly, traduit devant le conseil de guerre le 12 mars, et condamné le 8 avril suivant (à une heure du matin). Mais il ne fut *ni condamné à mort, ni gracié,* comme on l'a écrit dans plusieurs ouvrages qui parlent du procès du 30 janvier 1797, d'après des documents inexacts. Il fut condamné à dix ans de réclusion, subit sa peine en France, et quand il eut recouvré sa liberté il se fixa à Paris où il vécut de son travail avec sa sœur, Marie-Anne-Madeleine, ex-chanoinesse, réfugiée près de lui. Le 28 février 1804, sa sœur aînée, Madeleine-Phal, et François de Chazal, son mari, qui habitaient aussi Paris, lui avaient cédé la terre de Giverdy qu'ils avaient pu racheter.

Lors de la mort de Louis-Alexandre-Gabriel du Verne, écuyer, commandant de Monsieur, frère du Roi, arrivée aux Tuileries le 3 février 1815, c'est Thomas-Laurent-Madeleine qui fait la déclaration de la mort de son frère; à cette époque il est capitaine de frégate en retraite et chevalier de Saint-Louis, et on le voit s'occupant, le 1er mai 1825, tant en son nom qu'au nom de ses sœurs, Eugénie-Gilberte-Josèphe, Marie-Anne-Madeleine et Marie-Gabrielle-Philippine, femme de Louis-Alexandre de Courvol, du réglement de l'indemnité des émigrés qui leur est due à cause de Giverdy; puis, le 20 avril 1841, il est témoin dans l'acte de décès de sa sœur, Eugénie-Gilberte, morte âgée de quatre-vingt-cinq ans, à Nevers, où il était allé la rejoindre et d'où il finit par se retirer au château de Maubranches (Cher).

Ses états de services, délivrés au ministère de la marine, sont : du Verne de Praile (Thomas-Laurent-Madeleine), sorti de l'école militaire le 10 septembre 1778; garde de la marine le 9 décembre 1778; garde du pavillon le 1er février 1779; enseigne de vaisseau le 17 novembre 1781; lieutenant de vaisseau de deuxième classe le 1er mai 1786; en congé de la cour, d'un an, le 23 août 1788; lieutenant de vaisseau de première classe le 1er janvier 1790; en congé de six mois le 14 janvier 1791. Porté sur les listes d'activité jusqu'au 1er janvier 1792. Campagnes : sur le vaisseau *le Hardi* (à la mer, en guerre), du 1er mars 1779 au 7 août 1779; sur le vaisseau *le Triomphant* (croisière, escadre de M. le comte d'Orvillers, à la mer, en guerre), du 7 août 1779 au 31 décembre 1779; sur le vaisseau *le Conquérant* (à la mer, en guerre), du 1ᵉʳ janvier 1780 au 16 février 1780; sur la frégate *la Gloire* (à la mer, en guerre), du 16 février 1780 au 3 mars 1780; sur le vaisseau *le Jason* (escadre de M. de Ternay, puis de M. d'Estouches, à la mer, en guerre), combat de la baie de Chesapeake le 16 mai 1781; 4 combats, savoir : combats de Saint-Christophe les 25 et 26 janvier 1782, combats de la Dominique et des Saintes les 9 et 19 avril 1782, jour où il a été fait prisonnier de guerre; de retour à Brest le. . . . . août 1782; sur le vaisseau *la Provence* (à la mer, en guerre), du 1ᵉʳ octobre 1782 au 1ᵉʳ novembre 1782; sur la corvette *la Badine* (à la mer, en paix), du 22 juillet 1783 au 18 avril 1784; sur la frégate *la Sincère* (à la mer, en paix), du 1ᵉʳ avril 1786 au. . . . . juin 1788.

13. Marie-Anne-Madeleine du Verne, née le 4 octobre 1764, baptisée le 5 à Giverdy; parrain, messire Pierre-Marie-Madeleine de Nourry; marraine, Marie-Anne Millot de Semelins. Fut reçue en 1773 à l'école royale de Saint-Cyr. Elle habita Paris pendant la Révolution avec son frère, Thomas-Laurent-Madeleine, s'y fixa et y mourut le 4 juin 1839, âgée de soixante-quatorze ans.

Conjointement avec ses sœurs, elle fit le partage du 19 ventôse an VI (9 mars 1798), des biens de son père avec la République, représentant ses frères émigrés, racheta les dits biens que l'Etat revendait le 29 germinal an VI (24 avril 1798), et afferma, toujours avec ses dites sœurs, à Gilbert Torterat, le 3 vendémiaire an VII (24 septembre 1798), les dits biens que toutes recédèrent les 10 et 26 fructidor an XI, à Madeleine-Phal, leur sœur aînée, et à François de Chazal, son mari.

Dans le réglement de l'indemnité des émigrés, Marie-Anne-Madeleine reçut la part qui lui revenait d'après les bordereaux à elle délivrés par la préfecture de la Nièvre (1825 à 1828.) D'après son acte de décès elle était chanoinesse.

13. Marie-Gabrielle-Philippine du Verne, née le 20 septembre 1766, morte le 3 avril 1839 à Montapas, au château de Lucy, à l'âge de soixante-douze ans. Elle avait épousé, le 8 janvier 1787, dans l'église de Saint-Etienne de Nevers, Louis-Alexandre de Courvol, chevalier, sᵍʳ de Lucy, officier au régiment de Limousin, fils majeur de défunt messire Louis-François

de Courvol, s^{gr} de Lucy, et de dame Marie-Anne de la Tournelle, qui avait
donné sa procuration pour le dit mariage de son dit fils, à Charles-Eléonor
du Verne, chevalier, capitaine au régiment de Limousin; la mère de l'épouse,
dame Catherine-Françoise Millot de Montjardin, avait donné la sienne à son
fils, Louis-Marie du Verne, aussi officier au régiment de Limousin. Sont
présents au mariage : Jean-Baptiste de Courvol, capitaine au régiment de
Limousin, frère de l'époux, et Louis-Alexandre du Verne, écuyer cavalcadour
de Mgr le comte d'Artois, frère de l'épouse. Marie-Gabrielle-Philippine, conjointement avec ses sœurs obtint, le 19 ventôse an VI, le partage de la terre de
Giverdy, dont la République s'était emparée à cause de l'émigration de leurs
frères; le 29 germinal, toujours avec ses dites sœurs, elle acheta la portion que
le gouvernement s'était fait remettre et revendait en adjudication; puis le
3 vendémiaire an VII, se portant fort pour celle de ses sœurs qui habitait
Paris, elle fit avec les autres le bail de Giverdy à Gilbert Torterat, et enfin elle
vendit sa portion de la dite terre de Giverdy, les 10 et 26 fructidor an XI, à
Madeleine-Phal, sa sœur, et à François de Chazal, son mari.

13. Philippe-Henri du Verne, né le 12 novembre 1767,
baptisé le 13 à Giverdy; parrain, Philippe-Henri de Veilhan; marraine, Marguerite-Henriette du Verne de Presles. Fut reçu à l'école militaire d'Effiat le
6 février 1777, où il mourut dès le mois de septembre.

13. Louis-Madeleine du Verne, né le 9 juillet 1771,
baptisé le lendemain à Giverdy; parrain, Louis Rapine de Sainte-Marie; marraine, Madeleine-Louise de Nourry. Fut reçu à l'école militaire d'Effiat le
2 septembre 1781; d'après l'arrêté du 11 août 1793, du district de Nevers, et
les lettres des 13 février et 1er mars 1795, on voit que placé dans un régiment
de dragons, il quitta le dit régiment pour rejoindre l'armée des Princes où il
périt en 1793.

Eteints.

BRANCHE DES SEIGNEURS D'ÉTAULES

VI

Lauvergeat, porte :
D'azur, à 3 chicots d'or, au
chef de même, chargé
de 3 roses de gueules.

Philibert du Verne, écuyer, s^gr d'Etaules et de Bois-Taché, douzième enfant d'Amé du Verne et premier enfant de sa troisième femme, Perrenelle des Ulmes, est l'auteur de la branche d'Etaules-les-Avallon (Yonne). Il épousa, suivant contrat du. . . . ., Anne Lauvergeat, fille de Pierre Lauvergeat, écuyer, s^gr d'Arcy-sur-Cure et de Voutenay, et de Marguerite de Marry. Il mourut le 22 novembre 1548, et sa femme est mentionnée, en 1550, comme veuve dans le procès de la succession d'Edme du Verne, mari de Jacquette du Chastel. A sa mort, Anne fut inhumée dans l'église de Marcilly. En 1510, le 26 février, Philibert du Verne assiste au bail que font au sieur Talin, Gilbert et Philippe Saulnier de Thoury ; il reçoit du Roi, le 21 juin 1510, une lettre-patente pour le dénombrement d'Etaules, qu'il donne le 2 mai 1511. Cette terre lui avait été attribuée par le partage du 21 mars 1506, fait entre lui et ses frères, Pierre du Verne, s^gr de Fourcherenne et de Marancy, et Edme du Verne, s^gr de Jailly en partie.

Le 20 novembre 1512, sa mère, Perrenelle des Ulmes, veuve d'Amé du Verne, lui donne procuration pour vendre à Louis de Frasnay, s^gr de Moches, diverses directes seigneuriales situées à Bussières, Le Cray et Diennes, lui appartenant. En 1535, Philibert du Verne et Anne de Lauvergeat, sa femme, présentent à l'abbaye des Isles, près Avallon, leurs filles, Antoinette et Martine du Verne, pour être religieuses. Le 17 mars 1540, on trouve une reprise de fief au lieu de Santigny, par Jacques aux Epaules, qui a acheté partie de ce fief de Philibert du Verne, écuyer, s^gr d'Etaules, et l'autre partie de Jeanne

15

Lauvergeat et de Charles du Gyr, son deuxième mari. Dans la sentence du 21 juillet 1550, du bailliage de Nevers, au sujet de la succession d'Edme du Verne, mari de Jacquette du Chastel, que l'on contestait à Eloi du Verne, son fils, on voit que la signification en est faite à sa femme, qui est veuve, et que le dit Philibert et sa dite femme, Anne Lauvergeat, ont dix enfants.

Ces enfants sont :

7. Antoinette du Verne, religieuse en 1535.

7. Martine du Verne, religieuse en 1535.

7. Joseph du Verne, mort jeune.

Sacquespée, porte :
De sinople, à l'aigle d'or, tirant avec le bec une épée hors du fourreau, de sable, la garde et la pointe d'or, posée en bande.

7. Jeanne du Verne, femme de Didier de Sacquespée, connue par l'acte de 1550.

7. Jean du Verne, s^{gr} d'Etaules, reprend de fief, le 22 novembre 1548, en son nom et au nom de ses frères et sœurs, tous héritiers de feu Philibert du Verne, leur père, la seigneurie d'Etaules. Le 21 juillet 1550, il reçoit, avec sa mère, la signification de la sentence du bailliage de Nevers. En 1551, on le trouve aux Etats de Bourgogne. Il meurt sans alliance.

Beaucheron, porte :
D'azur, à 4 banc rampant d'or, accompagné en chef de 2 étoiles d'argent.

7. Laurence du Verne, femme de Robert de Beaucheron, connue par l'acte de 1550.

Martin de Villiers, porte :
D'argent, à 3 perdrix de sable, au chef de sable, chargée de 3 coquilles du champ.

7. Marguerite du Verne, femme de Martin de Villiers, s^{gr} de Senestreville, connue par l'acte de 1550.

7. Charles du Verne qui suit.

Hauston, porte:

D'argent, au sautoir de sable, chargé de 5 mascles d'or.

7. Philiberte du Verne, femme de Jean Hauston, sᵍʳ de la Vaisvre, connue par l'acte de 1550.

7. Catherine du Verne, connue comme ses frères et sœurs par l'acte de 1550 : signification de la sentence du bailliage de Nevers.

VII

La Rivière, porte:

De sable, à la bande d'argent.

Charles du Verne, écuyer, sᵍʳ d'Etaules et de Sarrigny, huitième enfant de Philibert du Verne et d'Anne de Lauvergeat, est mentionné dans la signification du 21 juillet 1550, qu'on lui fait à Sarrigny où il habitait ; il avait épousé Gabrielle de La Rivière, fille de. . . . ., et il reprit de fief Etaules les 2 et 5 mai 1559; le 28 décembre 1570, Gabrielle de La Rivière dut encore reprendre de fief Etaules en son nom personnel et au nom de ses enfants. Elle avait acheté les trois cinquièmes de cette seigneurie de Robert Beaucheron et de Laurence du Verne, sa femme; de Louis Hauston, sᵍʳ de la Vaisvre, et de Philiberte du Verne, sa femme ; de Martin de Villiers et de Marguerite du Verne, sa femme. Anne de Lauvergeat était morte depuis un an, et Charles du Verne était décédé peu de temps auparavant. A propos de cette reprise de fief, le 20 mai 1571, on dut faire une enquête pour prouver que la maison de Sarrigny avait été pillée et les papiers brûlés par des gens de guerre et qu'il était impossible de représenter les dits papiers pour la dite reprise.

Charles du Verne et Gabrielle de La Rivière eurent pour enfants :

8. Charles du Verne, sᵍʳ d'Etaules et de Sarrigny, convoqué en 1588 aux Etats de Bourgogne, meurt sans enfants.

8. Davide du Verne, mineure en 1570 ainsi que ses sœurs.

8. Marthe du Verne [1], mineure en 1570.

Dampierre, porte:

D'argent, à 3 losanges de sable.

(1) Cette Marthe du Verne a épousé, d'après MM. Baume et d'Arbaumont, Claude de Dampierre. Acte de 1602.

8. Françoise du Verne, mineure en 1570.

8. Philiberte du Verne, que l'on voit aussi mineure en 1570, épousa François de La Motte, et hérita de ses frères et sœurs, car le 11 mai 1607, elle vend le tiers de la seigneurie d'Etaules à Georges de Clugny.

De La Motte, porte :
D'azur, à 3 merlettes d'or;
2 et 1, au chef cousu de
gueules.

Eteints.

BRANCHE DES SEIGNEURS DE SANCY ET DE CHALLEMENT

V

Jean du Verne, écuyer, s^{gr} de Sancy et de Challement, deuxième fils de Philibert du Verne et d'Annette du Jardin, mourut avant 1472. Il avait épousé Claude de Miniers, dite la Cognarde, fille d'Huguenin de Miniers, écuyer, dit Cognard, s^{gr} d'Assilly, de Montifaut et de Challement [1].

En 1439, Jean est mentionné avec Amé du Verne, écuyer, son frère, comme possédant tous les deux le fief qu'avait Jeannot des Fossés dans le dénombrement que donne Belle d'Arcy au comte de Nevers, pour sa terre de Verou, à cause de la châtellenie de Cercy-la-Tour. Le 21 janvier 1440, il assiste, toujours avec son frère Amé, au mariage de leur sœur, Agnès du Verne, avec Colas de Charry. Le 7 avril 1442, les dits écuyers, Amé et Jean, vendent à Hugues de Druy, conjointement avec leur mère, Annette du Jardin, divers héritages sous condition d'un réméré possible ; le 22 mars 1453, ils rachètent un engagement de Guillaume Letort. En 1457, ledit Jean, écuyer, rend hommage au comte de Nevers au nom de Claude de Miniers, sa femme, pour la terre de Sancy [2] (commune de Saint-Franchy), à cause de Montenoison ; et le 23 novembre 1472, on voit la dite Claude de Miniers faire, étant veuve, un bail à bordelage à Sancy. Elle assiste au contrat du 3 mars 1473, suivant lequel sa fille, Jeanne du Verne, épouse Huguenin de Maumigny. A ce contrat paraît son fils, Guillaume du Verne, écuyer, frère de la future, et dans ce contrat il est déclaré que la dite future a d'autres frères et sœurs.

Miniers, porte :
....
....

---

(1) Challemènt, château du xve siècle, en grande partie reconstruit. Tourelle d'escalier à pans coupés, avec étage carré en encorbellement, écusson mutilé, sur une pente en accolade. Dans l'église se trouvent les armes des du Verne et de La Ferté.

(2) Sancy, château du xve siècle, autrefois entouré de fossés.

Jean du Verne et Claude de Miniers eurent pour enfants :

6. Esme *alias* Edmond du Verne, écuyer, qui, dans le contrat de mariage de son frère, Simon du Verne, écuyer, du 18 avril 1515, assure sa fortune au dit Simon du Verne qui épouse Jacquette de Troussebois.

6. Guillaume du Verne, écuyer, s^{gr} de Sancy et de Challement, capitaine du château de Montréal, mort sans alliance. Paraît comme brigandinier à la montre de 1469; il est témoin, le 24 janvier 1473, de Jacques d'Amanzé, dans l'acte de foi et hommage du fief de Chazeuil. Le 3 mars 1473, il assiste avec sa mère au contrat de sa sœur, Jeanne, avec Huguenin de Maumigny. En 1499 et 1500, il donne quittance de ses gages comme capitaine de Montréal; et le 22 octobre 1502, il est présent au mariage de Pierre de Longueville avec Louise de Raigny. Il mourut cette année car son frère, Simon du Verne, touche le montant de ses gages et en donne quittance.

6. Jeanne du Verne, assistée de sa mère et de son frère, Guillaume du Verne, épouse, suivant contrat du 3 mars 1473, passé par devant Ravin, notaire à Moulins-Engilbert, Huguenin de Maumigny, écuyer, s^{gr} du dit lieu, fils de Guyot de Maumigny et de Philiberte de Chavenon. Sont présents au contrat : l'abbé de Saint-Léonard; Amé du Verne, s^{gr} de Fourcherenne; Jean Boutillat, s^{gr} d'Assilly ; Philibert de Courvol, s^{gr} du Tremblay; Philibert de Maumigny, s^{gr} de Boux.

Maumigny, porte : D'argent, au chevron de sable, accompagné en pointe d'une étoile de gueules, au chef cousu d'or.

6. Simon du Verne qui suit.

6. Claude du Verne, écuyer, religieux à l'abbaye de Saint-Martin d'Autun, est mentionné en cette qualité, le 13 juillet 1463, dans les lettres d'affranchissement données aux habitants de Saint-Martin et de Saint-Pentaléon, par Jean Rollin, abbé du dit couvent, et Jean du Verne grand prieur. Les 22 juin et 9 juillet 1468, le même Claude concoure à l'élection du dit Jean du Verne, grand prieur, à la charge d'abbé de Cure, et avec lui concoure à l'élection Jacob du Verne, prieur de Saint-Seine, et l'on voit comme témoin Pierre du Verne, écuyer. Dans cette pièce en latin Claude et Jacob sont dits *de Verneto,* comme du reste il en est ainsi pour bien des pièces en latin concernant les du Verne, dont les noms sont déclinés de toutes les façons. Enfin, le 18 octobre 1473, Claude du Verne, suivant procès-verbal de cette date, prend possession comme abbé de l'abbaye de Cure, remplaçant son parent, Jean du Verne, démissionnaire. Louis du Verne *scutiferus* est témoin [1].

6. Jacob du Verne fut prieur de l'abbaye de Saint-Seine, et prit part à l'élection de Jean du Verne, nommé abbé de Cure, le 22 juillet 1468.

6. Philibert du Verne, meurt prieur de Saint-Seine le 6 juillet 1476, d'après l'épitaphe qui se lit en l'église de l'abbaye, sur son tombeau. Son neveu, Philippe du Verne, aumônier du couvent, fut inhumé près de lui le 20 juin 1477.

La reproduction des armes placées sur leurs tombes donne de. . . . . à trois tours crénelées.

6. N. . . . ., N. . . . ., filles inconnues; elles sont mentionnées sans leur nom dans le contrat de leur sœur, Jeanne, avec Huguenin de Maumigny.

---

(1) Le grand prieur de Saint-Martin d'Autun, dont il est parlé à l'article Claude et Jacob, leur parent, doit être suivant toutes probabilités le second Jean du Verne, n° V, de la branche de Marancy et de Fourcherenne, fils de Philibert du Verne et d'Annette du Jardin, que l'on voit paraître dans l'aveu de 1482 avec ses frères, Amé et Huguenin; toutefois comme cette filiation n'est pas donnée et qu'ici il est certain, par l'acte du 18 octobre 1473, qu'il est parent de Claude et de Jacob du Verne, nous avons cru devoir mettre ici ce qui le concerne. Ce Jean est mentionné comme prieur d'Auteville, dans la séance du chapitre de l'abbaye de Saint-Martin d'Autun du jeudi après la translation de Saint-Martin, de l'année 1442; on le voit le 2 mars 1446, comme sous-prieur du couvent de Saint-Martin d'Autun, dans un réglement de comptes de Guillaume Gagnaires, ayant comme témoin un Guyot du Verne, écuyer, et on le retrouve dans la même charge de grand prévôt et de prieur le 3 mars 1448, les 24 avril 1450 et 9 mai 1451, le 24 avril 1454, le 24 octobre 1456, avec Guyot du Verne, écuyer, témoin, et les 21 janvier, 12 et 22 juin, 20 juillet et 20 septembre 1462; enfin, on le voit nommé abbé de Cure les 22 juin et 9 juillet 1468, et il se démet de cette charge le 18 octobre 1473.

VI

Simon du Verne, écuyer, s[gr] de Sancy et de Challement, troisième fils de Jean du Verne et de Claude de Miniers, est témoin, le 23 février 1475, du dénombrement du Parc, donné par Girard de Buxeuil au duc de Bourgogne; en 1502, il touche les soldes des gages de son frère, Guillaume, capitaine du château de Montréal, comme son héritier; et suivant contrat du 18 avril 1515 (après Pâques), passé par devant Richome et Muarre, notaires à Villegenon (Berry), il épouse Jacquette de Troussebois, fille de Jean de Troussebois, sixième du nom, et de N. . . . . Ses père et mère sont morts, elle est assistée de son frère, Berault de Troussebois, écuyer, s[gr] de Villegenon et de l'Espinay, présent, qui a la procuration de son autre frère, Jean de Troussebois, s[gr] du Coudray-lez-Villegenon, absent. Elle renonce à la succession de ses parents moyennant une somme de 1.200 livres et une rente de 30 livres qui lui est assignée sur la terre de l'Espinay, paroisse de Lion-sur-Loire. Jacquette de Troussebois étant veuve se remaria presque de suite à Louis Robin, s[gr] de Courcelles, dont elle est encore veuve en 1526. Le 17 mars de cette année 1526, on la voit, en effet, transiger à propos de cette dernière succession avec Guillaume Robin, s[gr] de Villette, son beau-frère, une première fois, et une seconde fois le 13 mars 1528; dans ce dernier acte paraissent les filles issues de son premier mariage, Claude et Françoise du Verne, plus une Jeanne du Verne qui n'est autre que Philiberte du Verne, fille d'Amé du Verne et de sa troisième femme, Jeanne de Botheron, nommée Jeanne par erreur, et femme du dit Guillaume Robin. Et à propos de cette dernière transaction il doit être remarqué que par suite de similitude de nom et à l'occasion de l'apparition des dites Claude, Françoise et Jeanne du Verne, dans cette contrée de La Roche de Millay où se trouvent les fiefs de Villette et du Verne, dépendant de la seigneurie de La Roche de Millay, M. l'abbé Baudiau, dans son ouvrage: *du Morvan* (Nevers, 1865), t. I, page 499, chapitre de La Roche de Millay, a commis l'erreur de donner le fief du Verne comme berceau de la famille, objet de ce recueil, et de confondre la dite famille avec la famille de ce nom qui habitait Le Verne à l'époque même de la transaction de 1528, cette erreur répétée par M. du Sornay dans son *Epigraphie héraldique de la Nièvre*, page 120, ne peut se soutenir, les recherches faites à La Rochemillay même, dans le terrier du château, ont démontré que ce fief du

Troussebois, porte :
D'or, au lion de sable,
couronné, lampassé et
armé de gueules.

Verne n'avait qu'une importance secondaire et qu'il n'était occupé que par une famille de tenanciers qui en avait pris le nom, la filiation de cette famille depuis 1500 à 1600 ne peut laisser de doute sur çe point.

Jacquette de Troussebois maria le même jour, 13 juin 1531, les deux filles qu'elle avait eues de son mariage avec Simon du Verne, avec les deuxième et troisième fils de feu Jean de Meun de La Ferté-Aurain, de Mirebert et des grandes dixmes de Chaumont, etc., et d'Anne de La Rivière. L'aînée, Claude, épousa François de Meun, dit de La Ferté, et Françoise du Verne épousa Barthélemy, frère du dit François. Peu après le mariage de ses filles, dans l'année 1531 même, Jacquette de Troussebois renonce à son douaire et à certains avantages à elle faits par Simon du Verne, son défunt mari, en faveur de ses deux filles mariées : François de Meun et Claude, sa femme, ont Linsecq, Beauvais et Villette; Barthélemy de Meun et Françoise ont Challement, les redevances sises sur Moraches, et les dixmes de Latrault, dépendant de la terre de Sancy restée indivise, Jacquette de Troussebois en gardant la jouissance.

De La Ferté-Meun, porte : Ecartelé : au 1 et 4, d'hermine, au sautoir de gueules, qui est de La Ferté, et au 2 et 3, contre-écartelé d'argent et de gueules, qui est de Meun.

Simon du Verne et Jacquette de Troussebois n'eurent que deux filles :

7. Claude du Verne et son mari, François de Meun, dit de La Ferté, donnèrent, le 9 mai 1536, le dénombrement de Villette à Jeanne d'Aumont, dame de La Rochemillay. Le 26 décembre 1540, Claude du Verne ratifia la vente de Villette faite par son mari à Guillaume des Jours; le 30 juillet 1543, on voit une sentence rendue entre Catherine de Grandrye, veuve de Guillaume des Jours, et Charles Robin, dans laquelle paraît Jacquette de Troussebois, François de La Ferté et Claude du Verne, sa femme, comme garants du dit Charles Robin. Le 24 août 1556, Claude du Verne assiste au mariage de Jean Barbenson. Le 2 avril 1560, Jacquette de Troussebois étant morte, ses deux filles et leurs maris font au duc de Nivernais, foi et hommage pour Sancy, resté indivis entre eux. Le 20 juin 1560, au terrier de Druy, Jeanne Robin déclare avoir acquis diverses rentes bourdelières dépendant de Druy, de Claude du Verne; et le 2 juillet 1575, François de Meun étant mort, Claude du Verne, sa veuve, donne le dénombrement de la moitié du dit Sancy qui lui appartenait.

7. Françoise du Verne et Barthélemy de Meun, dit de La Ferté, son mari, font, le 15 juillet 1536, un bail à bordelage à Inthy, paroisse

de Challement. Ils sont dans le dénombrement du 2 avril 1560, donné au duc de Nivernais pour Sancy, resté indivis entre eux et Claude du Verne et François de Meun, son mari. Le 8 octobre 1564, ils assistent au mariage de leur fils, René de Meun de La Ferté avec Edmée de Chastellux; et le 13 avril 1572, on voit que Barthélemy est mort, car sa femme, Françoise du Verne, est indiquée comme veuve dans la reconnaissance que lui font son gendre et sa fille, René de Chevigny et Renée de Meun, sa femme; dans le contrat de mariage du 6 avril 1575, de sa fille, Marguerite de Meun de La Ferté, avec Simon de Chaugy, s^{gr} de Cuzy, dans le dénombrement du 4 juillet 1575 qu'elle donne pour Challement au duc de Nevers, et dans la sentence arbitrale du 14 octobre 1576, qu'elle obtient avec ses enfants.

Branche éteinte.

BRANCHE DES SEIGNEURS DE CUY

IV

Jean du Verne, écuyer, s^{gr} de Cuy, second fils de Jean du Verne et de Marguerite de Marry, est frère de Philibert du Verne, s^{gr} de Fourcherenne et de Marancy ; il est l'auteur de la branche de Cuy, fief dont il hérita de sa mère. Il épousa Marguerite de Neuvy, fille de Gibault de Neuvy et de Perrenelle de Thory, et mourut avant 1441, car on voit à cette date sa veuve remariée à Jean Bouault, dit Lardon, dont elle eut des enfants. Le 12 septembre 1380, Jean du Verne donna avec son frère aîné, Philibert, au grand prieur du couvent de Saint-Martin d'Autun, à cause de leur maison et terre de Bunas, le dénombrement des choses et héritages qu'ils possèdent à Marcy, aujourd'hui le Grand-Massé (commune de Maux).

Le samedi après la Saint-Clément 1380, tant pour lui que pour Jean Le Queuf, son cousin germain, et tous les autres seigneurs de Surgy, il amortit des biens assis à Surgy, acquis par les chartreux de Basseville, et le 16 mai 1384, il partage et transige avec son frère aîné, Philibert, et sa sœur Jeannette, femme de Guyot le Tort, et sa mère, Marguerite de Marry, représentée par le dit Guyot le Tort, son gendre ; le 5 avril 1393, Jean et son frère font un bail à bordelage d'héritages sis à Marancy, à Guyot Barleuf ; et les 18 décembre 1401 et 7 juillet 1402, ils font encore ensemble accord avec Jean d'Alligny et autres intéressés pour la main-levée de la saisie des biens sis à Roche et à Marancy, provenant de la succession de feu Gauche-Loiseaul. En 1403, le 15 février, Jean fait un bail à bourdelage à Perrin et à Nicole, sa femme, pour des héritages sis à Cuy ; le 8 mai 1405, il achète de Guillaume de Maumigny une rente à Cuy, et en août, même année, il est, avec Philibert, au nombre des gens d'armes qui suivirent le duc de Bourgogne dans l'armée à lui assemblée pour le service du Roi. Le dimanche après la Purification 1407, il fait un échange avec Jean de La Fontenelle, pour des biens situés à Chevannes-Gazault au finage de Fourcherenne, et le samedi avant la fête Saint-Jean-Baptiste 1409, on voit des biens lui appartenant, à lui, s^{gr} de Cuy, compris dans le dénombrement de Verou, donné par Belle d'Arcy à Guillaume Doré.

En 1410, Philibert et Jean donnent au comte de Nevers le dénombrement du quart de Marancy et des bois de Poincy ; le jeudi, veille de la fête de la Nativité Saint-Jean-Baptiste 1412, Jean achète de Jean d'Aunay, divers héritages sis à La Chenisot, paroisse de Chougny ; le 23 juin 1415, il partage des biens à Cuy, avec sa sœur, Marguerite du Verne, veuve de Jean de La Chaulme ; le 23 juillet, même année, il échange avec Louis de Roudon, prieur de Châtillon-en-Bazois, divers biens sis au dit Châtillon. Il y a des biens venant de lui dans la donation du 1er juin et la ratification du 20 du même mois, année 1407, faite par Jean de Chevenon à Guyot de Maumigny. Le 4 août 1420, Jean du Verne fait échange avec sa sœur utérine, Jeanne Le Bidault, femme de Gaucher de Courvol. Le 8 octobre 1422 et le 19 juillet 1427, il fait divers baux à bordelage à Cuy ; et en 1430, il fait hommage au comte de Nevers pour des héritages à cause de la maison-fort de Vaujoly, appartenant à Jean de Marry.

On ignore la date de la mort de Jean du Verne, mais le 14 août 1441, sa femme, Marguerite de Neuvy, remariée à Jean Bouault, fait un échange avec Hugues de Druy, par devant Barberie, notaire à Decize, au nom des enfants qu'elle avait de Jean du Verne ; et le 16 mars 1443, le dit Jean Bouault donne au duc de Bourbon le dénombrement de Cuy, au nom des dits enfants et de la dite Marguerite, leur tutrice, que l'on voit, le 13 mars 1460, faire un bail à bordelage à Assilly, paroisse de Marnay (à Decize), et qui, étant veuve pour la seconde fois, donne le 29 septembre 1465, une reconnaissance d'héritages au s^{gr} de Druy, pour des terres à Saint-Ouen et à Rouy et qui fait, le 16 mars 1470, un autre bail à bordelage de biens assis aussi paroisse de Marnay, pour lesquels elle fait hommage le 28 juin même année.

Jean du Verne et Marguerite de Neuvy eurent pour enfants :

De Frétoy, porte : .
....
....

5. Philiberte du Verne, épouse Guillaume du Frétoy, s^{gr} de Quincize. Le dimanche avant Carême 1449, les deux époux font un bail à bordelage ; le 10 juillet 1457, ils donnent le dénombrement de Quincize, dans lequel Jean du Verne, leur frère et beau-frère est témoin. Le

5 août 1462, ils font un affranchissement en faveur de Etienne Ravat; et le 27 novembre 1478, ils transigent, de concert avec Jean du Verne, s⁅ʳ de Cuy; Philibert de La Forest et Marguerite du Verne, sa mère, alors remariée en deuxièmes noces avec Guillaume de Cuzy, d'une part, et les enfants mineurs de Dominique Bouault, second mari de leur mère. Enfin, le 11 février 1482, on voit encore les dits Guillaume de Frétoy et Philiberte, sa femme, faisant un bail à bordelage à Quincize et un autre à la Boube, de concert avec Jean de La Forest, le 22 mai 1482.

5. Jean du Verne qui suit.

5. Marguerite du Verne, épouse en premières noces Philibert de La Forest, avec lequel, le 15 mai 1452, elle fait un bail à bordelage à Jean Meignin et ses enfants, d'héritages sis à Cuy; et le 20 juillet 1461, la dite Marguerite et le dit Philibert, reçoivent une cession de rentes de Gibault de Neuvy, leur grand-père. Ces dits époux ont des enfants, mais Philibert de La Forest dut mourir jeune, car en 1469, on voit à la montre d'hommes d'armes, de cette année, comparaître sa femme, Marguerite du Verne, comme veuve de Guillaume de Cuzy, de la famille de Chaulgy, son second mari. Marguerite du Verne fit encore, le 27 novembre 1478, la transaction déjà citée avec les enfants de sa mère et de son second mari, Dominique Bouault; son frère, Jean du Verne; Guillaume de Frétoy et Philiberte du Verne, sa femme, ses beau-frère et sœur. Dans cette transaction la dite Marguerite y paraît avec Philibert de La Forest, fils de son premier mari, Jean de la Forest, que l'on voit acter le 22 mai 1482.

La Forest, porte : De gueules, au chevron d'argent, accompagné de 3 croix ancrées de même.

De Cuzy, porte : Ecartelé, d'or et de gueules.

V

Jean du Verne, écuyer, s⁅ʳ de Cuy, fils de Jean du Verne et de Marguerite de Neuvy, épouse Madeleine de Loron, fille de Jacques de Loron, écuyer, s⁅ʳ de La Forest et d'Argoulais, et d'Odette Chuffaing. Dans la montre de 1469, Jean du Verne paraît comme homme d'armes, et il mourut avant 1514. Dans le partage de la succession de Gibault de Neuvy (en 1478 environ), il eut la Boube avec sa motte; Philibert de Beaumont, la maison de La Garenne; et François de Frasnay, la seigneurie de Vesvre, le tout situé paroisse de Rouy.

Loron, porte : De sable, à la fasce d'argent.

Le 27 novembre 1478, de concert avec ses sœurs, Philiberte du Verne, femme de Guillaume de Frétoy, et Marguerite du Verne, veuve en premières noces de Philibert de La Forest, et en deuxièmes noces de Guillaume de Cuzy, il transige avec le tuteur des enfants mineurs de feu Dominique Bouault et de feue Marguerite de Neuvy, sa mère. Les 3 mars et 3 mai 1487, le dit Jean du Verne fait des baux à bordelage à Cuy; on le voit mentionné comme seigneur d'héritages vendus dans ce lieu, le 24 mars 1491, et mentionné aussi le 19 novembre 1494, comme s^{gr} de Sauvoigny et de Cuy, dans une charte d'affranchissement accordée aux habitants de Bussy-le-Grand, bailliage de La Montagne, aujourd'hui Châtillon-sur-Seine, canton de Flavigny (Côte-d'Or).

Enfin, on voit encore, le 21 juillet 1500, le dit Jean faire un accord à Cuy, avec les Rollot, et le 27 juin 1506, en appeler contre une sentence du bailly de La Montagne. Il dut mourir en 1514, car à cette date, le 8 juin, on trouve une transaction faite entre Antoine du Verne, curé de Dun-les-Places, au nom de sa mère, Madeleine de Loron, alors veuve, et Pierre de Loron, s^{gr} de Domecy, frère de la dite Madeleine; la dite transaction fut ratifiée par la dite Madeleine le 5 août 1516.

Jean du Verne et Madeleine de Loron eurent pour enfants :

6. Léonard du Verne, écuyer, s^{gr} de Cuy en partie, assiste, le 18 octobre 1518, comme témoin au contrat de mariage de Louise de Courson avec Jean Symonet et maître tanneur à Moulins-Engilbert. Le 8 mai 1521, il vendit aux Goussot une rente sur le four de Moulins-Engilbert, et en 1557, il est à la montre de cette année, remplacé comme archer par Philippe de Saint-Quentin, et entre dans les gens d'armes.

On a de ce Léonard, dit s^{gr} de Cuy en Nivernais, un contrat de mariage du

De Rouffert, porte :
....
....
....

5 février 1520, passé à Chagny (Saône-et-Loire), avec Catherine de Rouffert, mais ce mariage n'a pas dû se faire, car il en existe un autre du 2 avril 1521 de la même Catherine avec Jean de Mont-Saint-Ligier. (1)

6. Claude du Verne, clerc religieux de Saint-Martin d'Autun, devint prieur de Varenne. Le 15 juillet 1479, il était étudiant à Paris,

---

(1) Catherine de Rouffert était veuve d'Hugues de Bucy et fille de Jean de Rouffert, s^{gr} des Granges, maître d'hôtel de la duchesse de Longueville, qui assiste au contrat de Jean du Verne, frère de Léonard, avec Bénigne du Perche.

et y obtint une lettre gardienne de l'université de cette ville comme clerc du diocèse de Nevers; en 1482, il reçoit une procuration des moines de Saint-Martin d'Autun; et en 1483, il est témoin d'un acte d'acceptation par les religieux du dit Saint-Martin pour une fondation faite à leur couvent par l'évêque de Bethléem-les-Clamecy.

6. Jacques du Verne, écuyer, s^{gr} de Cuy, est témoin d'une vente faite à Claude du Verne le jeune, son frère, le 12 mars 1520, par Isabeau Moflot, à Cuy; le 5 janvier 1523, il vend une rente à Guillaume Carreaul, que Claude du Verne le jeune rachète le 14 mars 1523; on a une déclaration faite par Léonard Damas, s^{gr} de Thianges et de Fleury-la-Tour, le 7 mars 1573, en faveur du dit Jacques du Verne.

6. Antoine du Verne, curé de Dun-les-Places, transige, le 18 juin 1514, au nom de sa mère, Madeleine de Loron, veuve, avec Pierre de Loron, son frère; le 5 août 1516, il assiste à la ratification de cette transaction, et le 10 septembre 1526, il est témoin, avec Claude du Verne, son frère, d'un bail à bordelage fait aux Moflot, par Jean du Verne, écuyer, s^{gr} de Cuy, son autre frère.

Brécilles, porte :
De sable, à une fasce d'or,
chargée de 3 chevrons
coudés d'azur et ac-
compagné de 3 crois-
sants d'argent, 2 en
chef et 1 en pointe.

6. Louis du Verne, s^{gr} de Cuy en partie, épouse Jeanne de Brieilles, fille de. . . . . Le 25 janvier 1549, il achète des Moflot divers héritages. Le 16 juin 1550, il reçoit une concession de droits d'usage dans les bois de Maux et de Frasnay, de Jacques de Baudreuil, abbé de Corbigny, et des religieux de la dite abbaye. Le 14 novembre 1556, il se porte garant de l'emprunt fait pour son neveu, Jean du Verne, s^{gr} de Cuy en partie, mari de Catherine de Sauvage; et le 13 janvier 1561, il vend Aunay à Françoise de Champs.

Louis du Verne eut deux filles de Jeanne de Brieilles, sa femme :

Le Roi, porte :
D'azur, au chevron d'or,
accompagné de 3 cou-
ronnes de même.

Jeanne du Verne qui épousa, le 7 avril 1556, Pierre Le Roy, écuyer, s^{gr} de Bertrix (paroisse d'Aunay), fils de. . . . . ., suivant contrat passé devant Toussaint Guyot, dans lequel figure Marguerite du Verne, tante de la future.

Lenferna, porte :
D'azur, à 3 losanges d'or.

Catherine du Verne qui épousa, le 16 septembre 1571, François de Lenferna, fils de Louis de Lenferna et de Mathilde Tribolé, et qui, tout en ayant plusieurs enfants, vendit à Charles Le Roy, son neveu, mari de Françoise de Cotignon, tous ses droits sur Cuy. Elle mourut en 1584.

6. Marguerite du Verne, connue par le contrat de mariage de sa nièce, Jeanne du Verne, avec Pierre Le Roi, du 7 avril 1556.

6. Jean du Verne qui suit.

6. Claude du Verne le jeune, écuyer, s^{gr} de Cuy en partie et du Chemin, est appelé en 1495, à certain jour, par l'intendant général de Nevers, suivant commission donnée au dit intendant, pour répondre sur certains faits.

Le 12 mars 1520, Claude du Verne achète d'Isabeau Moflot divers héritages à Cuy, et dans cet acte où il est dit s^{gr} du Chemin, son frère est mentionné. Dans la vente faite par Léonard du Verne, le 8 mai 1521, Claude est témoin, comme aussi dans le bail à bordelage du 10 septembre 1526. Le 14 mars 1523, il avait racheté à Guillaume Carreaul une rente vendue par Jacques du Verne, son frère, le 5 janvier d'avant.

VI

Jean du Verne, écuyer, s^{gr} de Cuy, fils de Jean du Verne et de Madeleine de Loron, était archer dans la compagnie du maréchal de Bourdillon, et meurt avant 1541. En 1526, le 10 septembre, il fait un bail à Cuy aux Moflot, et ses frères, Claude et Antoine du Verne y paraissent. Suivant contrat du 18 mars 1527, passé à Chagny, il épouse Bénigne du Perche, fille de feu Guichard du Perche, en son vivant s^{gr} de La Vault, et de Philiberte de Nancé, alors remariée en deuxièmes noces à Aimé de Trétorans.

Du Perche, porte :
....
....

Jean du Verne et Bénigne du Perche eurent pour enfants :

7. Louise du Verne, mineure dans l'acte du 3 juin 1551, morte sans alliance.

7. Esmée du Verne, morte avant 1601, femme de Nicolas Guillaumot qui paraît en 1601 comme tuteur du fils qu'il a d'Esmée du Verne, sa femme.

Guillaumot, porte :
....
....

7. Jean du Verne qui suit.

VII

Jean du Verne, écuyer, s^{gr} de Cuy en partie, fils de Jean du Verne et de Bénigne du Perche, était dans la compagnie du maréchal de Villars; il fit la guerre en Flandres et il y fut fait prisonnier. En 1541, il était encore avec ses sœurs, sous la tutelle de Robert de La Couldre qui, le 1er février de cette dite année, amodie au nom de ses mineurs et de concert avec d'autres intéressés le four banal de Moulins-Engilbert. Le 3 juin 1551, Jean était marié à Cathe-rine de Sauvage, fille de. . . . .; à cette date il vend des biens à Cuy, se portant fort pour la dite Catherine, et aussi au nom de Louise du Verne, sa sœur. Le 9 avril 1553, au moment où il part pour l'armée de Flandres, il donne procuration à sa femme pour gérer ses biens pendant son absence. Jean est archer de la compagnie du comte de Villars de 1554 à 1555. Prisonnier de guerre, sa femme fut obligée, le 14 novembre 1556, de constituer une rente sur le four banal de Moulins-Engilbert, à Jacquette Aubry, pour payer sa rançon. Cette rente est cautionnée par Robert de La Couldre et Louis du Verne, oncle du prisonnier, qui la ratifia dès son retour de Flandres, le 11 février 1557, et finit par la changer dès le 21 juillet en une vente portant clause de réméré.

Branche éteinte.

IV

Philippe du Verne, s^gr de Surgy, prisonnier du duc de Bourgogne en 1423, et que l'on voit marié à Thévenotte, veuve de N. . . . . de Vauldre, et donnant à Jean de Vauldre, fils du premier mari de la dite Thévenotte, divers biens à Surgy, n'aurait-il pas donné naissance à une famille qui aurait fini par deux filles, Esmée du Verne, veuve de Jean Bonestat en 1580, et Léonarde du Verne qui épouse, le 27 janvier 1580, Denys de La Vigne, s^gr de Bulcy en partie, fils de Jean de La Vigne et de sa première femme, Catherine de La Barre. Ce Jean de La Vigne épousait le même jour que son fils, le 27 janvier 1580, la mère de Léonarde et d'Esmée du Verne, qui était Jeanne de Poiseux qui, étant veuve de Jean du Verne, père de ses deux filles, son premier mari, avait épousé en deuxièmes noces, Pierre de Bonestat, dont elle restait encore veuve.

En 1598, on voit Denys de La Vigne faisant rendre hommage au comte de Nevers pour partie de Neuville par sa femme, Léonarde du Verne, qui a sa procuration.

Jeanne de Poiseux s'était donc mariée trois fois :

1° A Jean du Verne;
2° A Pierre de Bonestat;
3° A Jean de La Vigne, sieur de Bulcy.

(Du Verne non rattachés.)

Bonestat, porte :
D'azur, à la bande d'or, accompagnée de 3 étoiles d'argent.

De La Vigne, porte :
D'azur, à 3 cailloux d'argent, posés 2 et 1, accompagnés en chef d'un fusil d'or.

NOTES

SUR LA FAMILLE DE

CLAIRE-CLOTILDE-LOUISE-MARIE ARAGONNÈS D'ORCET

FEMME DE CHARLES-LOUIS DU VERNE,

FILS DE PIERRE, DIT PAULIN DU VERNE,

ET DE ROSE-CHARLOTTE REGNAULT DE TOUTEUILLE.

NOTES

SUR LA FAMILLE DE

CLAIRE-CLOTILDE-LOUISE-MARIE ARAGONNÈS D'ORCET

FEMME DE CHARLES-LOUIS DU VERNE,

FILS DE PIERRE, DIT PAULIN DU VERNE,

ET DE ROSE-CHARLOTTE REGNAULT DE TOUTEUILLE.

ARAGONNÈS

Aragonnès, porte :
De sable, à la fasce d'or, accompagnée de 2 étoiles de même et en pointe d'un croissant d'argent.

Bouillet, dit :
Que la fasce, les étoiles et le croissant sont d'argent.

Cette famille semble être originaire de la Basse-Auvergne.

On trouve, en effet, au commencement du dix-septième siècle, Antoine Aragonnès, avocat en la sénéchaussée et siège présidial de Clermont-Ferrand, d'où sortent les Aragonnès, devenus lieutenants criminels en l'élection du dit Clermont, et Gabriel Aragonnès, châtelain en la justice d'Orcet, paroisse des environs de Clermont, qui est l'auteur de la branche des Aragonnès, devenus s^{grs} de Laval, de Vernines et d'Orcet.

BRANCHE DES ARAGONNÈS

d'où sortirent les lieutenants criminels de ce nom en l'élection de Clermont-Ferrand.

I

Antoine Aragonnès épousa Anne Bellot, dont il eut un fils, Gilbert Aragonnès qui suit, et deux filles non mariées dont on ignore les noms.

II

Gilbert Aragonnès, conseiller du Roi, lieutenant criminel en l'élection de Clermont, de 1633 à 1648, épousa, le 11 novembre 1632, Anne Champflour, fille de noble Girard Champflour, conseiller du Roi en la cour des aides de Clermont, et de Michelle Taillandier, dont il eut :

III

Gilbert Aragonnès, fut aussi conseiller du Roi et lieutenant criminel en l'élection de Clermont; le 4 décembre 1684, on le voit assister à l'inventaire des biens, meubles et immeubles, laissés par son cousin, Gilbert Aragonnès, sgr de Laval, annobli par le Roi, et il est le mari d'Alice de Fretat, qui lui donna pour enfants :

4. Jacques Aragonnès qui suit.

4. Gilbert Aragonnès, chanoine de la cathédrale de Clermont, mort avant 1741.

4. Marie-Suzanne Aragonnès, religieuse au couvent de la Visitation de Clermont.

4. Anne Aragonnès, religieuse comme sa sœur et dans le même couvent.

IV

Jacques Aragonnès devint comme son père et son grand-père, conseiller du Roi et lieutenant criminel en l'élection de Clermont; marié à Anne des Mazels, il n'eut pas d'enfants et fut inhumé à Clermont dans l'église de Notre-Dame-du-Port. Sa veuve alla habiter Orcet et y fit son testament le 18 septembre 1840.

Des Mazels, porte :
....
....

Branche éteinte.

BRANCHE DES ARAGONNÈS

devenus seigneurs de Laval, de Vernines et d'Orcet.

I

Gabriel Aragonnès, châtelain en la justice d'Orcet, acheta, le 6 août 1627, par l'entremise de son fils aîné, Antoine Aragonnès, auquel il avait donné procuration, l'office de notaire royal à Orcet, des héritiers de feu François Benoist, en son vivant notaire audit Orcet. [1]

Vers 1610 ou 1617, Gabriel avait épousé Anne du Fraisse, fille d'un bourgeois du Crest, paroisse voisine d'Orcet, et il testa le 2 mars 1630.

Gabriel Aragonnès et Anne du Fraisse eurent pour enfants :

2. Antoine Aragonnès, greffier à Orcet, que l'on a vu chargé de la procuration de son père, acheter pour son dit père, le 6 août 1627, l'office de notaire royal à Orcet, acquit, en 1630, la terre de Vernines dont il se dit seigneur, et épousa Anne Roussel. En 1635, il est secrétaire de la chambre du Roi. En 1649, receveur général des finances en la généralité de Riom et conseiller de la chambre du Roi en ses conseils. En 1653, il assiste au mariage de son frère, Gilbert Aragonnès, s^gr de Laval, annobli depuis 1647. Et en 1669, il fait hommage pour Vernines.

Il eut trois enfants : un fils mort sans alliance, une fille, Claude Aragonnès, qui devint la femme de Michel du Fraisse, écuyer, conseiller du Roi en la cour des aides de Clermont, que l'on voit, étant veuve, rendre hommage pour Vernines, dont elle hérite; une autre fille, Anne Aragonnès, qui épousa Amable de Montorcier, dont la fille nommée Anne, comme sa mère, se marie le 1er février 1694, à Victor Le Court, et est la mère d'une autre Anne Le Court, qui épousa, le 24 décembre 1723, Pierre Pellissier de Feligonde.

Du Fraisse, porte :
D'argent, au frêne de sinople, au chef chargé de 3 étoiles d'or.

Roussel, porte :
D'or, au griffon d'azur, au chef de même chargé de 3 étoiles d'or.

Du Fraisse, porte :
D'argent, au frêne de sinople, au chef chargé de 3 étoiles d'or.

Montorcier, porte :
D'azur, au chevron d'or, accompagné en chef de 2 croissants d'argent et en pointe d'un globe de même

---

(1) A cette époque Orcet appartenait à Gabrielle de La Barge, dame du dit lieu, veuve de Balthazard de Rivoire, marquis du Palais, dont elle avait un fils, et remariée à Aymard de Rochefort d'Ally, dont elle n'eut pas d'enfants. Aussi Aymard, s^gr d'Orcet, donna-t-il Orcet à sa femme en instituant pour son héritier, le fils qu'elle avait eu de son premier mari.

2. Antoine-Benoist Aragonnès habite Paris, où il est trésorier des régiments des gardes française et suisse, et testa le 25 mai 1644. Il avait épousé Anna *alias* Jeanne Legendre, fille de noble Luc Legendre, receveur des tailles dans la généralité d'Auvergne, et de Marguerite de Cambefort. De ce mariage il eut deux filles, l'une morte sans alliance, l'autre, Marie Aragonnès, morte en 1657, femme depuis le 11 novembre 1652, de Michel d'Aligre, s^{gr} du Bois-Landry, conseiller du Roi au Parlement de Paris, et qui laissa un fils, Etienne d'Aligre, mort jeune, dont la succession revint pour partie en 1667, à Gilbert Aragonnès, s^{gr} de Laval, son oncle.

2. Béatrix Aragonnès épouse, le 15 juillet 1635, Jean Cheylard, et en eut un fils, connu par le procès du 5 juillet 1666.

2. Gilbert Aragonnès, s^{gr} de Laval, qui suit.

II

Gilbert Aragonnès, s^{gr} de Laval, fils de Gabriel Aragonnès et de Anne du Fraisse, sa femme, entra au service du Roi, à l'âge de quatorze ans, en 1632, et fit toutes les campagnes de cette époque jusqu'en 1657.

En 1647, il reçut du Roi pour ses services militaires, les lettres d'annoblissement suivantes :

Louis, par la grâce de Dieu, Roy de France et de Navarre, à tous présents et à venir, salut.

Dans la distribution de nos grâces, non seulement nous faisons choix des personnes qui les ont méritées, mais nous prenons un soin particulier de les despartir convenablement à leurs mérites, et comme les actions glorieuses des armes ne se peuvent dignement reconnaître que par les récompenses d'honneur et que la véritable noblesse est celle qui est produite par la vertu militaire, aussi nous ne saurions mieux récompenser ceux qui ont courageusement exposé leur vie dans les guerres passées pour notre service et de notre Etat qu'en les honorant du titre de noblesse que leur vertu semble leur avoir déjà acquis et que la profession des armes leur conserve. Les obligeant plus étroitement par cette reconnaissance à nous continuer leurs services en excitant les autres à imiter les mêmes actions par l'espérance de pareilles récompenses. Ainsi nous étant bien et duement informé des qualités louables et des actions généreuses de nostre cher et bien aimé Gilbert Aragonnès et de ses signalés et glorieux services qu'il nous a rendus dès sa première jeunesse, car à peine pouvait-il porter les armes, qu'en l'année 1632, estant seulement âgé de quatorze ans, il se rendit dans le régiment de nos gardes et y servit six mois sous le commandement du sieur de Valence. Sortant du régiment il eut la lieutenance d'une compagnie commandée par le sieur Chartonnée du Maineu, dans le régiment d'infanterie du comte de Cerne, et servit en Allemagne en l'année 1633, dans l'armée de notre cousin, le maréchal de La Force, et par l'absence du capitaine, commandant la dite compagnie. En l'année 1634, il passa le Rhin avec sa compagnie et vint joindre l'armée de feu notre cousin, le duc de Rohan, qui assiégea Bèlfort et attaqua Rouffach où le dit Aragonnés eut l'honneur de faire la première attaque avec un tel succès que sans perte que de vingt-huit hommes, il repoussa les ennemis dans la place et fut cause de la prise qui s'en est suivie. Cette armée ayant passé à travers les Suisses, dans la Valteline, le dit Aragonnés y conduisit sa dite compagnie et fut dans toutes les occasions en 1635, 1636 et 1637, pendant lesquelles étant venu dans nostre royaume prendre une compagnie dans le régiment d'infanterie de La Fragelière et l'ayant conduite dans la Valteline il n'y fut pas plutôt arrivé qu'il eut l'ordre du dit feu duc de Rohan de commander neuf cents mousquetaires et l'avant-garde pour entrer dans la Lombardie avec lesquels il attaqua la place de Belin et la prit dans quatre heures. Il attaqua aussi le pont de Loigne et y reçut une mousquetade à la main, et lors de la retraite de l'armée il eut l'arrière-garde et soutint le choc de l'armée espagnolle qui lui avait coupé chemin et sortit de là si avantageusement qu'il en fit trois cents prisonniers. Depuis que notre armée eut quitté la Valteline, le dit Aragonnés revint en France pour y demeurer, ayant pris, en l'année 1638, la lieutenance de la compagnie du sieur de Matha dans le régiment de cavalerie de Saint-Preul et fut au siège de Castelet sous le commandement de notre cousin, le maréchal de l'Hospital, et peu de temps après, fut fait capitaine d'une compagnie de cavalerie dans le régiment de Saint-Agnan, et en l'année 1639, fut au siège de Thionville où il combattit si courageusement qu'après avoir perdu ses lieutenant, cornettes, maréchal-des-logis et vingt-six maîtres qui moururent sur la place et sept autres qui furent faits prisonniers, et lui-même fait prisonnier plus de deux heures, lui et l'un de ses cavaliers tuèrent ceux qui les gardaient et échappèrent des mains des ennemis, et en la même année se rendit avec ce qui lui restait de sa compagnie dans l'armée de feu notre cousin, le maréchal de Châtillon, à Grandpré, en Champagne, lorsque notre armée fit lever le siège de Mouzon et ensuite prit et rasa la place d'Ivry. L'année suivante, 1640, le dit Aragonnés se rendit dans le régiment de Saint-Agnan-Rethel, sous notre cousin le maréchal de Guiche, et joignant, à Charlemont, l'armée de notre cousin, le maréchal de la Milleraye, où le dit Aragonnés fut choisi pour commander cinq cents chevaux avec lesquels il fut recognoistre pays et après il s'en alla dans son régiment au siège d'Arras en l'année 1641. Le dit régiment dans lequel était le dit Aragonnés ayant joint le sieur de Gesvres, fit la conduite des vivres à Arras, d'où le dit Aragonnés reçut l'ordre particulier d'aller avec sa compagnie trouver dans Ramin le feu Roy, notre très honoré seigneur et prince, qu'il exécuta avec une telle diligence que le feu Roy lui en témoigna une grande satisfaction; mais sur la nouvelle arrivée du général de Lambry, le feu Roy lui commanda de s'en retourner avec la même diligence au camp devant Aire, ce qu'il exécuta avec pareille promptitude. Après la prise d'Aire, le dit Aragonnés fut au siège et à la prise de la Bassée, Des-Gatz, du Bourg d'En et des Moulinets-de-Lisle, en Flandres, ensuite au siège de Bapaume où le dit Aragonnés, par l'ordre du dit sieur de Gesvres, apporta au feu Roy, dans Péronne, le sixième jour du siège, la première pierre du bastion. En l'année 1642 il fut dans l'armée de notre cousin, le comte d'Harcourt, dans le pays conquis, pendant que notre cousin reprit tous les forts que les ennemis y avaient occupé, reçut le commandement d'aller avec cinq cents chevaux au fort Rouge, ce qu'il exécuta courageusement, et dans ce combat il eut plusieurs blessés et son cheval fut tué dessous lui d'un coup de mousquet, et qu'après, en l'année 1643, le dit comte de Saint-Agnan eut quitté son régiment, le dit sieur Aragonnés fut commandé de s'en aller en expédition avec sa compagnie et fut au secours de Cortonne, et en exécutant l'ordre qu'il a reçu de reconnaître les lignes et les travaux des ennemis, il reçut un coup de pistolet au visage, et fut ensuite au siège d'Alexandrie-de-la-Paille et en après au siège de Gand, où il soutint une sortie de trois cents chevaux ennemis et la repoussa si vertement qu'il en demeura trente-sept sur la place et fit prisonnier un lieutenant et deux cavaliers. En l'année 1644 fut au siège de Santiago et passa avec sa compagnie l'année 1646 en Piémont, dans l'armée du prince Thomas, et cette dernière campagne sous le marquis de Ville. Et quoi qu'il n'aye que trente-quatre ans il se trouve qu'il en a employé quinze en notre service et n'a laissé échapper aucune occasion de nous servir.

A ces causes et à la recommandation de nos plus espéciaux serviteurs, Nous, de l'avis de la Reine régente, notre très honorée dame et mère, désirant favorablement traiter le dit Aragonnés en reconnaissance de ses services, icelluy Aragonnés et ses enfants masles et femelles qu'il aura en loyal mariage et toute sa postérité et lignée, de notre grâce spéciale, pleine puissance et autorité royalle, par ces présentes signées de notre main, avons annobli et annoblissons et l'honorons et décorons du titre de noblesse, voulant qu'il soit reconnu et tenu pour noble, en tous actes et rencontres, en jugement et dehors, que lui et sa postérité jouissent de tous les honneurs, privilèges, franchises et prérogatives et prééminences dont jouissent les autres nobles de notre royaume que lui et sa postérité puissent tenir et posséder à quelque titre que ce soit, tous fiefs et héritages et possessions nobles sans qu'il soit tenu demander leur mains, nous payer aucun frais de franc-fief, dont ils demeureront quittes et affranchis perpétuellement, voulant qu'aussi qu'en signe de la dite noblesse, luy et sa postérité puissent porter en paix et en guerre les armoiries qui sont empreintes, sans que pour raison du présent ennoblissement, il soit tenu nous payer aucunes finances, à laquelle somme qu'elle puisse monter. Nous lui avons fait remise par ces présentes et nonobstant toutes ordonnances et déclarations contraires auxquelles il est dérogatoire et des dérogations, nous avons dérogé par ce regard. Si donnons mandement à mes et féaux conseillers, les gens tenant notre sceau, conseillers, les gens tenant nostre chambre des comptes, cours des aydes, trésoriers généraux de France, conseillers à l'office de notre trésor et tous nos baillifs et sénéchaux ou leurs lieutenants et à tous autres officiers et instructeurs et à chacun d'eux et auxquels il appartiendra, que de nos présentes grâces et annoblissements et de tout le contenu ci-dessus, ils fassent et souffrent pour le dit Aragonnès et sa postérité pleinement et perpétuellement, cessant et faisant cesser tous empeschements contraires et afin que ce soit chose ferme et stable à toujours, nous avons fait mettre notre scel à ces présentes, sauf en notre chose, notre droit et l'autruy. Donné à Paris ce mois de février, l'an de grâce mil six cent quarante-sept et de notre règne le quatrième, et signé   Louis.

Enregistré à la Cour des comptes, à Paris, et en la Cour des aydes de Clermont, le 28 juin 1647 et 24 décembre 1653.

Par contrat du 2 août 1653, Gilbert Aragonnès épousa Françoise Lagayte, fille de défunt noble homme maître Guillaume Lagayte, en son vivant substitut du procureur en l'élection de Clermont et échevin de cette ville, et de Philiberte Savaron, sa femme (nièce du célèbre Savaron.) Dans ce contrat, Gilbert se dit écuyer, s^{gr} de Laval (fief de la paroisse de Perpezat et de la baronnie d'Hermend), fils de feu Gabriel Aragonnès, châtelain d'Orcet, et d'honnête femme Anne du Fraisse ; la future est autorisée de sa mère et sont présents : François Vigier, conseiller du Roi en la sénéchaussée et siège présidial d'Auvergne ; Antoine Aragonnès, avocat es cours de Clermont ; noble Guillaume Savaron, s^{gr} de Villars ; noble Pierre Durand, avocat, conseiller du Roi et lieutenant particulier en la sénéchaussée et siège présidial d'Auvergne au dit Clermont ; noble Antoine Aragonnès, s^{gr} de Vernines, conseiller du Roi, receveur général des finances de la généralité d'Auvergne ; discret homme maître Guy Mariton, avocat es cours de la dite ville ; noble Gilbert Aragonnès, conseiller du Roi et lieutenant criminel en l'élection de la dite ville ; noble François Saulnier, conseiller du Roi, receveur des tailles de la dite élection ; noble Pierre Durand, conseiller du Roi et receveur général des gabelles ; maître Gilbert du Fraisse, châtelain du Crest ; noble Pierre Engobert, avocat en Parlement. Gilbert continua à servir jusqu'en 1654 ; mais il dut quitter le service à cause de ses blessures et des fatigues de la guerre.

Le 5 juillet 1666, on a de lui une requête qu'il adressa tant en son nom qu'au nom d'Antoine Aragonnès, s^{gr} de Vernines, son frère, contre leur sœur Béatrix Aragonnès, veuve de feu Jean Cheylard, au sujet des comptes à faire entre eux et la succession d'Etienne d'Aligre, fils de feue Marie Aragonnès, leur nièce, et de Michel d'Aligre, s^{gr} de Bois-Landry. C'est le 4 novembre 1667 que Gilbert Aragonnès donne quittance au sujet de la dite succession au dit Michel d'Aligre, dont la femme était morte en 1657, d'après l'inventaire du 16 avril de cette dite année.

On a, en 1667, une requête de Gilbert, au Roi, pour se défendre des exigences du traitant, François Baudin, au sujet de la finance concernant son annoblissement de 1647, et on connaît la mort du dit Gilbert par l'inventaire de ses papiers fait le 4 décembre 1684. Dans cette pièce on voit qu'il laisse trois enfants : François est tuteur de sa sœur Anne-Marie et de son frère Antoine-Joseph ; le curateur de ces deux mineurs est maître Gilbert Aragonnès, conseiller du Roi, lieutenant criminel en l'élection de Clermont. Ce Gilbert est le mari d'Alice de Fretat.

Gilbert Aragonnès, s^{gr} de Laval, et Françoise de Lagayte, ont donc pour enfants :

3. François Aragonnès, écuyer, s^{gr} de Laval, né en 1659, mort le 17 avril 1709, à l'âge de cinquante ans environ, qui, le 31 mai 1689, fait avec Robert du Prat, écuyer, une convention par laquelle le dit Robert s'engage à aller à sa place, au ban de la province d'Auvergne, faire le service que doit le dit François Aragonnès qui, le 31 mai 1692, est en procès avec le traitant pour la recherche des nobles de la province d'Auvergne.

3. Anne-Marie Aragonnès, religieuse au couvent de la Visitation de Clermont.

3. Antoine-Joseph Aragonnès qui suit.

III

Antoine-Joseph Aragonnès, s^{gr} de Laval, par la mort de son frère François, devint baron d'Orcet, par suite de l'acquisition qu'il fit de ce fief, de Gilbert-François de Rivoyre, marquis du Palais, dans l'année 1713. Il naquit vers 1664, et mourut le 21 juillet 1734, à Orcet, à l'âge de soixante-dix ans environ. Il fut inhumé dans la chapelle de l'église. Son testament est du 11 juillet 1734. Le

2 septembre 1697, il eut à payer à Jean de Lespinasse une somme de 1.500 livres pour les droits de l'annoblissement de son père, réclamée à son frère dont il héritait. C'est en 1716 qu'il fit hommage au Roi pour Orcet; il épousa Sabine des Arcis qui mourut avant lui, le 7 juillet 1734, et qui était la dernière descendante de sa famille, dont le fief, les Arcis, est situé paroisse du Vernet (Puy-de-Dôme).

Des Arcis, porte :

Antoine-Joseph Aragonnès, baron d'Orcet, et Sabine des Arcis eurent pour enfants :

4. François Aragonnès, que l'on voit parrain le 26 décembre 1710, meurt le 20 septembre 1713, âgé de douze à treize ans.

4. Antoine-Xavier-Durand Aragonnès, qui suit.

4. Gilberte-Michelle Aragonnès, majeure en 1734, morte sans alliance.

4. Etienne Aragonnès, sieur de Laval, lieutenant au régiment d'Orléans, capitaine au régiment Colonel-Général, chevalier de Saint-Louis, épousa N... Jouvenceau d'Alagnat, dont il eut :

Jouvenceau, porte :
D'argent, au chevron d'azur, accompagné de 3 alerions de sable.

A) Antoine-Durand-François-Xavier Aragonnès, sᵍʳ de Laval, né le 2 novembre 1770, capitaine de cavalerie, chevalier de Saint-Louis, époux de Jeanne-Geneviève Teilhard de Beauvezey, qui lui donna :

Teilhard, porte :
D'or, à un tilleul arraché de sinople, semé de flammes de gueules, l'écu terrassé de même; au chef d'azur, chargé de 3 étoiles de même.

1° Pierre Aragonnès de Laval, émigré, capitaine d'infanterie, chevalier de Saint-Louis, marié à Sophie Bonyol, qui, étant veuve et ayant perdu ses enfants, devint religieuse du couvent des Oiseaux, à Paris.

2° N... Aragonnès de Laval, dit de Marcillat, lieutenant d'infanterie, mort sans alliance.

3° N... Aragonnès de Laval, femme de Guillaume de Laire.

De Laire, porte :
D'azur, à la bande d'or, chargée de 3 étoiles de même.

4° Martine-Geneviève Aragonnès de Laval, épouse, le 1ᵉʳ septembre 1701, Pierre de Cisternes, sᵍʳ de Lormes et de Vinzelles.

De Cisternes, porte :
D'argent, à une citerne de sable, maçonnée d'argent et chargée en cœur d'une étoile de même.

B) Stanislas-Martin Aragonnès de Laval, chanoine, grand chantre de l'église cathédrale de Clermont, prêtre déporté pendant la Révolution.

C) Pierre Aragonnès de Laval, né le 16 juillet 1773, mort sans alliance.

D) Charles-François Aragonnès de Laval, né le 21 mai 1776, mort sans alliance.

4. Joseph Aragonnès, lieutenant au régiment d'Orléans, mort à vingt-trois ans, en 1734.

4. Antoine-François Aragonnès, dit sieur de Lagayte, plus tard dit sieur de Laval, né le 27 mars 1715, capitaine au régiment Colonel-Général, mort à vingt ans, en 1734.

IV

Antoine-Xavier-Durand Aragonnès, chevalier, baron d'Orcet, né à..... vers 1700, habite le château d'Orcet. Le 6 avril 1737, il transige tant en son nom qu'au nom de ses frères et sœurs, avec Jean-Baptiste de Chabannes, marquis de Curton et autres lieux, et le 18 mai 1754, il achète du même, diverses redevances du moulin d'Orcet (les Chabannes avaient hérité du marquis du Palais), Antoine-Xavier-Durand devint capitaine des galères du Roi et chevalier de Saint-Louis ; il épousa, le 24 mars 1748, à Notre-Dame-du-Port, à Clermont, Madeleine de Ribeyre, née le 23 décembre 1724, dame de Durtol, fille de messire Gabriel de Ribeyre, chevalier, s^{gr} de Nibouzat et de Durtol, et de Françoise Poisson. Antoine-Xavier-Durand mourut le 7 septembre 1780, à Durtol, âgé de quatre-vingts ans environ, et fut inhumé dans l'église d'Orcet, dans sa chapelle. Il avait testé le 3 mars 1773. Sa femme mourut peu après la mort de Robespierre ; elle avait été relâchée après cette mort arrivée le 9 thermidor an II (27 juillet 1794).

De Ribeyre, porte : D'azur, à la fasce ondée d'argent, accompagnée de 3 canettes de même, becquées et membrées de gueules, 2 en chef et une en pointe..

Antoine-Xavier-Durand Aragonnès d'Orcet et Madeleine Ribeyre eurent pour enfants :

5. Antoine-Xavier-Claude Aragonnès, baron d'Orcet, dit Aragonnès d'Artières, parrain de son plus jeune frère, mousquetaire aux mousquetaires noirs de la garde du Roi, né en 1750, épousa, suivant contrat du 7 février 1773, Marie Rochette, fille de Maurice Rochette de Malauzat et de Bonne Faydites. Il émigra et sa femme dut demander le divorce pour sauver une partie de la fortune saisie au nom de la République ; rentré en France, Antoine-Xavier-Claude fut lieutenant-colonel et il eut pour enfants :

Rochette, porte : D'azur, à 3 rochers d'or, sans chef.

A/ Amélie Aragonnès d'Orcet, morte sans alliance.

Lejeune, porte :
....
....

Dessayettes, porte :
....
....

De Boysseulh, porte:
D'argent, à la bande de
sable, chargée de 3 lar-
mes d'argent ; à la bor-
dure de sable, semée
de larmes d'argent et
de gueules.

B) Pierre-Auguste Aragonnès, baron d'Orcet, né le 5 mars 1775, enseigne de vaisseau, émigra à la Révolution ; ayant repris du service au retour du Roi, il devint lieutenant de vaisseau et chevalier de Saint-Louis. Il avait épousé aux colonies Cécile-Adélaïde Lejeune de Jarnac (créole), dont naquirent :

Lucie Aragonnès d'Orcet, femme d'Adolphe Dessayettes, dit comte de Clerval, et Nathalie Aragonnès d'Orcet, morte jeune.

C) Antoine-Xavier Aragonnès d'Orcet, s^{gr} de Malauzat, né le 25 juin 1771, à Clermont, épousa Marguerite de Boysseulh, veuve du marquis de Terrenoire.

D) Amable-Jean-Pierre Aragonnès d'Orcet, né le 4 juin 1782, à Durtol, marié à N..., dont une fille morte jeune.

5. Paul Aragonnès d'Orcet, mentionné dans le testament de son père du 3 mars 1773, mort avant lui.

5. Gabriel Aragonnès d'Orcet, capitaine au régiment de Beaujolais, mort en émigration à l'armée des princes.

5. Gilbert-Paul Aragonnès d'Orcet, né à Clermont le 13 novembre 1762, fit ses études théologiques à Saint-Sulpice où il fut ordonné prêtre, devint docteur en Sorbonne et resta à Saint-Sulpice jusqu'à la Révolution. Dénoncé et poursuivi par les révolutionnaires, il se réfugia en Auvergne ; mais il y fut arrêté et condamné à la déportation. Malade sur les pontons de Rochefort on le transféra à l'hôpital de Bordeaux où il retrouva son cousin Stanislas-Martin Aragonnès de Laval, prêtre, condamné comme lui. La mort de Robespierre le sauva (le 9 thermidor an II). Retourné près de sa mère qui venait de sortir de prison, il put assister à sa mort, et plus tard lors de l'érection de Durtol en paroisse, il en fut le premier curé. Nommé chanoine de la cathédrale de Clermont en 1821, puis peu après grand vicaire honoraire du diocèse, il devint, le 26 juillet 1823, évêque de Langres, où il mourut le 20 juin 1832.

5. Antoine-Xavier Aragonnès d'Orcet, prêtre comme son frère, mourut curé d'Orcet en 1818.

Parades du Saulzet, porte:
D'or, au lien d'azur, orné
et lampassé de gueules.

5. Françoise-Ursule Aragonnès d'Orcet épousa, suivant contrat du 20 janvier 1790, Jean-Baptiste Parades du Saulzet, et eut de ce mariage Vitaline Parades du Saulzet, qui, mariée le 23 mai 1810, à Jacques Michel Teilhard dit Vialard, eut cinq fils et une fille.

5. Paul-Gilbert Aragonnès d'Orcet, lieutenant de vaisseau, fit la guerre d'Amérique, émigra et périt à Quiberon où il était aide de camp de lord Moyra, commandant de la flotte anglaise. Paul-Gilbert est inscrit sur le monument expiatoire de la Chartreuse d'Auray, sous le nom d'Orset, Pierre d'Arragonnès, et dans les états du général Lemoine on le nomme d'Orcet, Pierre-Gabriel, officier de marine dans le régiment d'Hector.

5. Antoine-Xavier Aragonnès d'Orcet qui suit.

V

Du Ligondès, porte :
d'azur, au lion rampant
d'or, accompagné de
molettes d'éperons de
même sans nombre.

Antoine-Xavier Aragonnès d'Orcet, baptisé à Clermont le 29 mai 1767, né ce jour; parrain, Antoine-Xavier Aragonnès d'Artières, frère du baptisé; marraine, Marguerite de Veyny, femme d'Eugène de Ribeyre, s^{gr} de Nohanem et Nebouzat; devint capitaine des vaisseaux du Roi, chevalier de Saint-Louis, et mourut à Orcet le 1er octobre 1832. Il épousa, le 3 messidor an VIII (22 juin 1802), dans l'église Saint-Bonnet de Rochefort (Allier), Clotilde-Antoinette-Françoise-Xavier du Ligondès, fille de Gaspard du Ligondès [1], comte de Rochefort, et d'Elisabeth de Reclène. Clotilde-Antoinette étant veuve, mourut à Durtol, près Clermont, le 3 juin 1839; elle était née à Montluçon (Allier), le 3 juin 1765.

D'Antoine-Xavier Aragonnès, vicomte d'Orcet, et de Clotilde-Antoinette-Françoise-Xavier du Ligondès sont nés :

6. Xavier-Hercule Aragonnès, vicomte d'Orcet, qui suit.

6. Hercule-Gilbert Aragonnès d'Orcet, né à Orcet, le 12 septembre 1805, mort au dit lieu à soixante-quinze ans, le 5 février 1881. Ne se maria pas.

---

(1) Gaspard du Ligondès était fils de Claude-François du Ligondès, baron de Rochefort, et de Marie-Antoinette du Ligondès, dernier enfant des du Ligondès, s^{gr} de Châteaubodeau. Gaspard, officier de marine, chevalier de Saint-Louis, commandait le *Triton* à la bataille du 20 octobre 1778, livrée aux anglais à la hauteur de Lisbonne. Il battit la flotte anglaise mais il fut blessé dans le combat et mourut de ses blessures le 26 janvier 1779.

6. Louise-Antoinette-Sélina Aragonnès d'Orcet, née à Orcet, le 1er février 1809, entrée au couvent du Carmel, à Lyon, en 1849, envoyée en Angleterre comme prieure d'une maison de son ordre, mourut à Londres, le 14 septembre 1875.

VI

Xavier-Hercule Aragonnès, vicomte d'Orcet, né à Rochefort, le 14 avril 1803, meurt à Orcet, le 4 mai 1892, à quatre-vingt-neuf ans. Il avait épousé, le 22 avril 1834, à Paulhac, près Brioude (Haute-Loire), Victorine-Athénaïs de Cassagne de Beaufort de Miramon, fille de Jean-Gaspard-Louis de Cassagne de Beaufort, marquis de Miramon, et de Claire-Louise de Vauchaussade de Chaumont. Xavier-Hercule était un magistrat démissionnaire de 1830.

Xavier-Hercule Aragonnès, vicomte d'Orcet, et Victorine-Athénaïs de Miramon, eurent pour enfants :

7. Gaspard-Marie-Stanislas-Xavier Aragonnès, vicomte d'Orcet, qui suit.

7. Claire-Clotilde-Louise-Marie Aragonnès d'Orcet, née à Paulhac, le 19 décembre 1837, morte à Paris, le 25 février 1887, âgée de cinquante ans, avait épousé, à Paris, le 7 janvier 1861, Charles-Louis du Verne, fils de Pierre, dit Paulin du Verne, et de Rose-Charlotte Regnault de Touteuille, dont naquirent :

Pierre-Charles-Marie du Verne; Paul-Louis-Marie du Verne; Charles-Joseph-Marie-Xavier du Verne; Paul-Jean-Marie du Verne; Marie-Thérèse-Charlotte-Elisabeth du Verne; Louise-Charlotte-Marie du Verne.

VII

Gaspard-Marie-Stanislas-Xavier Aragonnès, vicomte d'Orcet, né à Paulhac, le 12 mars 1835, fut élève de l'école militaire de Saint-Cyr et fit, comme capitaine de cuirassiers, la guerre de 1870-1871; lieutenant-colonel au 4e chasseurs d'Afrique, on le voit en Algérie, puis en Tunisie, et colonel en France d'un régiment de dragons. Devenu général de brigade, il eut sous ses ordres la 5e brigade de cuirassiers, à Lyon, et fut nommé commandeur de la Légion d'honneur. Il était aussi commandeur du Nitcham-Iftikar de Tunis et décoré de l'ordre impérial de Saint-Stanislas de Russie.

Gaspard-Marie-Stanislas-Xavier avait épousé à Paris, le 20 juin 1891, Anne-Richard de Soultrait, fille de Georges-Richard, comte de Soultrait, et de Désirée Lejean, et mourut à Rome, sans postérité, le 18 mai 1900, à l'âge de soixante-cinq ans.

Eteints.

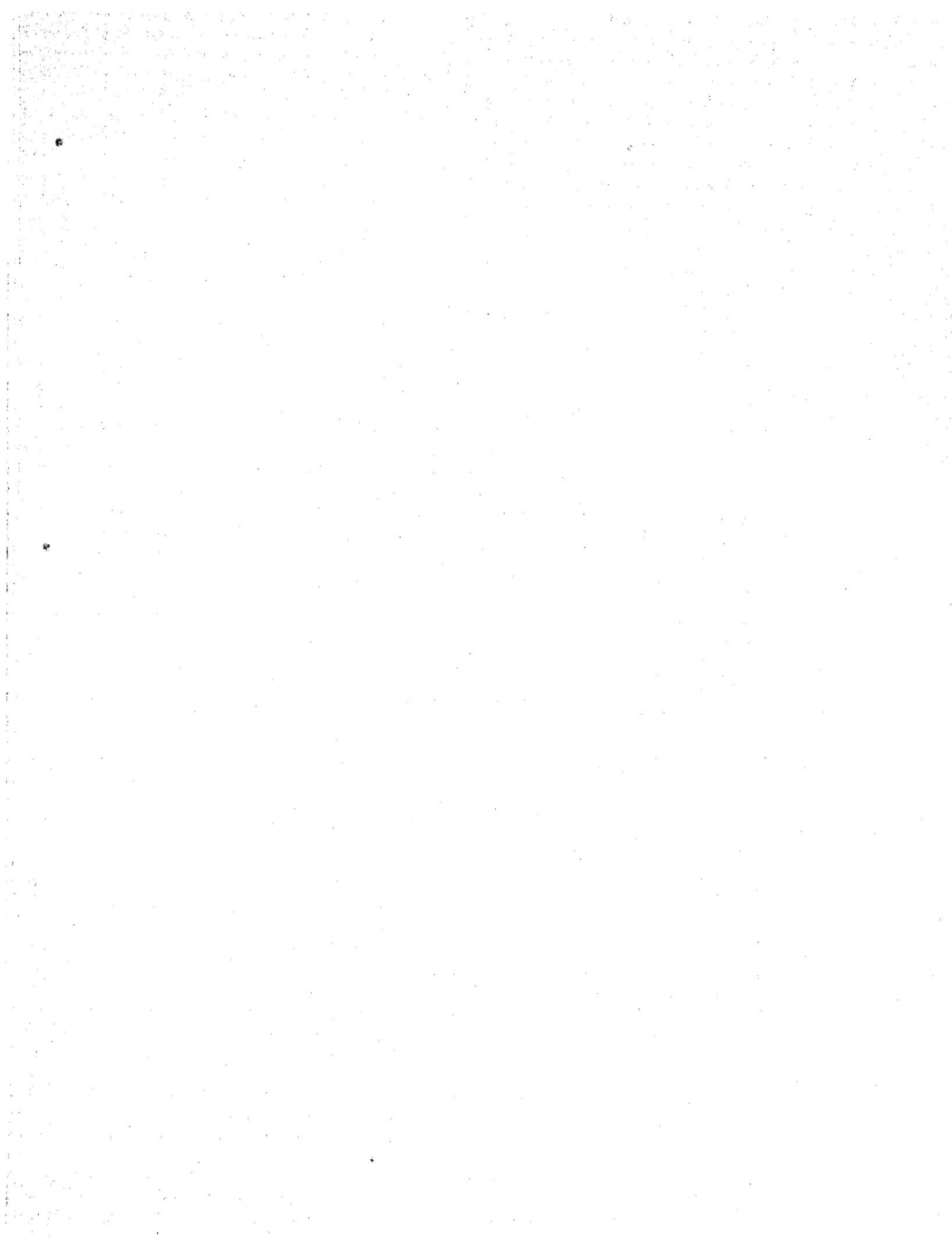

www.ingramcontent.com/pod-product-compliance
Lightning Source LLC
Chambersburg PA
CBHW070755290326
41931CB00011BA/2025